지금, 기본에 집중하고 있는가

회사원 성장과 생존의 제1법칙

지금, 기본에 집중하고 있는가

1판 1쇄 인쇄 2015년 2월 10일
1판 1쇄 발행 2015년 2월 16일

지은이 이윤석
펴낸이 이윤석
펴낸곳 아틀라스북스
등 록 2014년 8월 26일 제306-2014-16호

마케팅총괄 박진규
디자인 김민정

주소 (131-848) 서울시 중랑구 공릉로 18, 310호(묵동)
전화 070-8825-6068
팩스 0303-3441-6068
이메일 atlasbooks@naver.com

ISBN 979-11-950696-1-3 (13320)
값 12,000원

이 도서의 국립중앙도서관 출판시도서목록(CIP)은 서지정보유통지원시스템 홈페이지
(http://seoji.nl.go.kr)와 국가자료공동목록시스템(http://www.nl.go.kr/kolisnet)에서
이용하실 수 있습니다.(CIP제어번호: CIP2015001762)

회사원 성장과 생존의 제1법칙

지금, 기본에 집중하고 있는가

| 이윤석 지음 |

아틀라스북스

※ 아틀라스북스 공식 블로그(http://blog.naver.com/atlasbooks)에 들어오시면 이 책에 수록된 보고서, 간트차트, 품의서 등의 문서양식을 다운로드 받으실 수 있습니다.

| 글을 시작하며 |

21세기에 들어서면서 세계, 국가, 사회 전반이 급속도로 변해가고 있습니다. 세계는 점점 하나로 연결돼가고, 2차 정보통신 혁명은 사물 인터넷이라는 이름으로 우리의 삶에 녹아들고 있습니다. 미래학자인 최윤식 교수는 저서《2030 기회의 대이동》을 통해 앞으로 수십 년 안에 현존하는 직업의 80%가 사라진다고 이야기합니다. 본질적인 부가가치를 만들지 못하는 직업은 조만간 사라질 위험에 처해 있다는 의미이지요.

그럼 이처럼 급변하는 환경 속에서 우리는 어떻게 하고 싶은 일을 하며 살아남을 수 있을까요? 이에 대해 최윤식 교수는 언어소통보다는 의사소통이, 지식보다는 지혜가, 암기력보다는 이해력이, 매뉴얼보다는 창의력이 경쟁력 있는 스펙이 될 것이며, 또한 인문학적 소양이 매우 중요한 스펙이 될 수 있다고 이야기합니다. 즉, 이해력과 추진력, 판단력, 성숙한 인격 등의 '인성'이 곧 능력이 되는 시대가 올 것이고, 친절, 인내, 이해심, 책임감, 윤리의식이 중요한 인재의 조건으로 재정립된다는 것입니다.

이 책은 이처럼 과거와 현재를 이어주는 하나의 본질적인 맥락인 '지덕체(智德體)'를 함께 갖춘 우수한 인재가 되는 핵심적인 방법들을 실제

사례들을 바탕으로 제시하고 있습니다. 참고로 이 책의 각 내용 앞부분에 등장하는 사례들은 필자가 회사에서 경험했던 실제 이야기들을 짧게 재구성한 것입니다. 필자는 오랫동안 여러 회사의 인사 및 교육 책임자로 근무하면서 회사생활 초기에 이 책에 담긴 내용들을 선배 등 여러 가지 경로를 통해 교육받은 사람과 그렇지 못한 사람들의 몇 년 후를 실제 체험과 데이터로 검증해봤습니다. 그리고 그 결과 전자와 후자 사이에는 상당히 큰 성장의 격차를 보인다는 사실을 알게 됐습니다. 또한 현재 이 책의 내용은 크레듀나 휴넷 등 이러닝을 통해서도 제공되고 있는데, 해당 이러닝을 수강한 사람들의 반응을 통해서도 같은 결과를 확인할 수 있었습니다. 많은 수강자들이 깊게 인지하지 못했던 기본의 중요성을 깨닫고 강의 이후 생각의 변화를 갖게 됐다는 반응을 보여준 것입니다. 특히 최근 방영된 드라마 〈미생〉에서 주인공 장그래가 회사생활을 통해 변화하는 모습에 공감했던 사람들이라면 이 책을 통해 '그럼 나는 어떻게 변화해야 할 것인가?'에 대한 실질적인 해답을 찾을 수 있을 것입니다.

필자는 군대에서 인사·행정장교로 복무했고, IT회사를 비롯해 인터넷·게임·모바일사업을 운영하는 다양한 회사에서 사업 초기부터 회사가 크게 성장하는 단계까지를 두루 경험했으며, 국내 최고의 고전·철학 전문기관인 홍익학당에서 멘토로도 활동하고 있습니다. 이처럼 필자는 가장 딱딱하고 규정에 맞게 행동하는 조직에서부터 가장 유연한 조직까지, 또한 고전부터 현대경영까지를 두루 경험하는 극과 극의 충돌을 통해 융합적인 사고를 키울 수 있었습니다. 그리고 그러한 경험과 사고를 토대로 정립한, 모든 조직에서 통할 수 있는 본질적인 역량개발

방법을 이 책을 통해 제시하고자 노력했습니다.

아무리 첨단 IT시대라고 하더라도 사람이 갖춰야 할 본질적인 능력은 '지혜'와 '소통' 2가지로 압축됩니다. 즉, 지혜를 바탕으로 창조적인 아이디어와 대안을 창출하고, 소통을 통해 그것들을 여러 사람과 공유하고 조율해나감으로써 현실로 만들어내는 능력을 갖춰야 한다는 것입니다. 이 책은 여러분이 바로 이 2가지 능력을 키워나가는 데 필요한 세부역량들, 즉 성공의 기본원리부터 기획 및 보고역량, 업무태도, 대인관계, 몰입방법, 비전과 목표수립 방법, 리더십, 기본예절 등에 대한 내용을 담고 있습니다.

너나 할 것 없이 어려운 시기입니다. 이럴 때일수록 우리는 정신을 바짝 차리고, 기본에 집중해서 자신의 역량을 키워나가야만 하고 싶은 일을 하며 살아남을 수 있습니다.

여러분은 지금, 기본에 집중하고 있습니까?

항상 지켜봐주시고 도움주시는 부모님과 누님, 바쁜 남편을 이해해주는 고마운 아내와 준섭, 준용 두 아들, 그리고 항상 영감과 이 책의 철학적인 바탕을 제공해주신 인생의 멘토 홍익학당 윤홍식 대표님, 바쁘신 와중에도 추천사를 써주신 CJ E&M 노선국 인사총괄부장님, 넥슨 손석우 인사관리팀장님, 삼성디스플레이 김영수 책임연구원님, 다음카카오 김보건 님, 액션스퀘어 신혜림 인사팀장님, 출간에 많은 도움을 주신 아틀라스북스의 박진규 본부장님, 김민정 님께 진심으로 감사의 말씀을 전합니다.

이윤석

Contents

• 차례에 기재된 각 절의 핵심키워드 및 주요문구는 독자 여러분이 찾아보기 쉽도록 본문 중 별색으로 표시해놓았습니다.

2장_ 성장의 키워드, 창의적 사고와 문제해결 기술

3장_ 높은 신뢰와 인정을 이끌어내는 업무의 기술

4장_ 다양한 문서작성과 보고의 핵심기술

1장

알고 시작하면 10년 후가 달라지는 성공의 원리

01

더 많은 역할을 부여받는 방법

출근시간이 막 지난 일품기업 영업지원팀. 아침부터 깐깐하기로 소문난 고성대 대리의 목소리가 사무실에 쩌렁쩌렁 울려 퍼진다.

"한명석 씨! 어떻게 입사한 지 반년이 되도록 복사 하나 제대로 못 하는 거야. 당신 정말 일류대 출신 맞아? 아, 정말 미치겠네~!"

오늘로 일품기업에 들어온 지 6개월 째. 잔뜩 주눅이 든 채 고성대 대리에게 잔소리를 듣고있는 한명석 씨의 모습을 지켜보는 경영기획팀 동기 이정도 씨의 마음은 착잡하기만 하다. 업무 차 정도 씨와 함께 영업지원팀에 와있던 기봉만 대리도 한숨을 내쉰다.

"저 친구 오늘도 어김없이 잔소리로 하루를 시작하는군. 쯧쯧."

"그러게요. 제 동기지만 명석이가 적응이 느리기는 한 것 같아요."

"글쎄, 적응의 문제일까? 내가 보기엔 기본의 문제 같아. 일류대 출신이라는 배경 덕에 입사할 때부터 우수한 인재로 인정받다 보니 중요성의 문제를 자의적으로 판단해버리는 안 좋은 습관이 든 탓이지."

"그게 무슨 말씀이신지…?"

"생각해봐. 고 대리가 말을 곱게 하는 친구는 아니지만, 저 친구도 오죽 답답했으면 아침부터 저 난리를 치겠냐고. 명석 씨 입장에서는 복사라는 업무가 그다지 중요한 업무가 아니라고 생각하겠지만, 그 판단의 기준은 일을 맡은 명석 씨가 아니라 지시를 내린 상사에게 있는 거거든. 될성부른 나무는 떡잎부터 알아본다는 말처럼 복사라는 일 하나만 보더라도 그 사람이 앞으로 어떻게 성장할지가 보인다는 거지."

얼마 전 똑같은 일을 지시받았던 정도 씨는 기 대리의 말을 듣고 왠지 마음 한 구석이 뜨끔하다. 잔소리를 들을 정도는 아니었지만, 자신 역시 복사 자체를 중요한 업무라고 생각하지는 않았기 때문이다. 그런 마음을 눈치챘는지 기 대리가 한마디를 덧붙인다.

"정도 씨, 회사에서 역량을 인정받을 만큼 큰일을 맡고 싶다면 복사 같은 작은 업무부터 철저하게 하는 습관을 들여야 해. 명심해. 프로에게는 작은 일과 큰일의 차이가 없다고. 작은 일 하나부터 철저하게 해야만 큰일을 맡길 수 있는 신뢰를 얻을 수 있는 거야."

멘토의 조언

어떤 회사든 꼭 빼먹지 않고 내세우는 인재상이 있습니다. 바로 '열정'입니다. 열정 없는 인재를 원하는 회사는 한군데도 없다고 보는 것이 맞습니다. 그렇다면 열정이란 무엇일까요? 어찌 보면 끈기인 듯도 하고, 자신감이나 책임감인 듯도 합니다. 또 집중이나 몰입을 뜻하는 것 같기도 합니다. 열정의 사전적인 의미는 '어떤 일에 열렬한 애정을 가지고 열중하는 마음'입니다. 필자는 열정이 위의 요소들, 즉 끈기, 자신감, 책임감, 집중, 몰입 등이 유기적으로 연계돼서 이루어진 사고나 행동체계라고 생각합니다.

회사에서 열정 넘치는 인재를 좋아하는 이유는 간단합니다. 열정이 있고 없고에 따라서 일의 성과에 엄청난 차이가 생기기 때문이지요. 실제로 필자는 오랫동안 여러 기업에서 인사업무를 하면서 사례의 명석 씨처럼 열정 없는 일류대 출신보다 열정 넘치는 지방대 출신 사원이 일을 훨씬 잘하는 경우를 숱하게 봐왔습니다. 그만큼 열정은 일을 하는 데 있어서 가장 중요한 역량(Competency)이라고 할 수 있습니다.

그렇다면 열정은 어떻게 생기는 걸까요? 열정은 우선 자신이 하고 있는 일이나 하게 될 일을 중요하다고 생각하고, 그 일에 대한 가치를 자기 내면에 내재화하는 과정에서 싹틉니다. 이런 사람은 일에서 보람과 재미를 느끼므로 자연히 어떤 일을 맡든 열심히 하고, 오래 일해도 지치지 않으며, 문제가 생기면 어떻게든 해결하려고 적극적으로 노력하게 됩니다. 또 이런 사람은 항상 몰입돼 있으므로 시간낭비 없이 일을 할 수 있습니다. 바로 그 사람의 이러한 상태를 다른 사람이 보고 느끼는 감정이 '열정'인 것입니다.

회사라는 조직에는 자신을 크게 보고 일을 작게 생각하는 유형과 자신을 낮추고 작은 일도 크게 생각하는 2가지 유형의 사원이 있습니다. 사례의 한명석 씨가 전자에 해당하지요. 필자가 인사팀장으로 근무할 때도 비슷한 일이 있었습니다. 좋은 대학원을 졸업하고 회사에 신입사원으로 채용돼 기대를 한 몸에 받던 한 사원이 어느 날 필자에게 와서 이런 고민을 털어놓았습니다.

"팀장님, 저는 복사나 자료정리 따위나 하려고 이 회사에 들어온 게 아닙니다. 솔직히 제가 이런 일이나 하려고 대학원까지 나왔나 하는 자괴감까지 듭니다."

아마도 드라마(또는 웹툰) 〈미생〉을 본 사람이라면 등장인물 중 장백기가 입사 초기에 보여준 모습이 떠오를 것입니다. 필자는 그 사원에게 이런저런 조언을 해주며 다독였지만, 결국 그 친구는 몇 개월 후에 회사를 떠났습니다. 나중에 들어 보니 그 뒤로도 몇몇 회사에 들어갔지만 제대로 적응하지 못했다고 하더군요. 이런 사람들은 항상 자기를 위해 완벽한 상황이 갖춰져 있을 것이라고 착각하기 때문에 어디에서도 좀처럼 자기 자리를 찾지 못합니다.

회사에서 자기의 자리를 찾고 신뢰를 얻기 위해서는 기봉만 대리의 조언처럼 '어떤 일을 맡든 회사의 성과에 기여하는 중요한 역할을 맡았다는 마음가짐'을 가져야 합니다. 즉, 자신이 맡은 일에 스스로 가치를 부여해야 한다는 말이지요. 예를 들어 복사 하나를 하더라도 어떻게 하면 깔끔하고 보기 좋게 할까를 고민해야 합니다. 만일 사례의 이정도 씨가 50페이지짜리 문서 중 딱 1페이지를 삐뚤게 복사된 채로 기 대리에게 주었다면 기 대리는 어떤 생각이 들까요? 쩨쩨하다고 생각할지 모르지만 아마 이런 생각이 들지도 모릅니다.

'이 친구, 성실한 줄 알았는데 영 마음에 안 드네. 복사 하나 꼼꼼하게 하지 못해서 무슨 일을 제대로 할 수 있겠어.'

50페이지 중에 단 1페이지. 어쩌면 회사업무라는 영역에서 굉장히 작은 실수일지도 모릅니다. 하지만 그 작은 실수 하나가 여러분에게 맡겨지는 일과 평가를 결정할 수 있음을 반드시 명심해야 합니다.

기봉만 대리의 말처럼 회사생활 초기에는 섣부른 자기 판단의 오류에 빠지지 않도록 주의해야 합니다. 특히 '이 정도면 되겠지'라는 '자기 합리화'는 여러분이 프로 직장인으로서 성장하는 데 있어서 가장 커다란 걸림돌이 됩니다. 복사 하나에도 혼을 담는 마음으로 임한다면 주변의 신뢰를 얻게 되고, 이를 통해 점차 큰일을 맡게 되는 것이, 최소한 직장에서만큼은 만고불변의 진리입니다. 여러분이 아마추어에서 프로로 성장하는 데 있어서 한순간도 이것을 잊어서는 안 됩니다.

02

복리효과가 따르는 성장의 법칙

오늘따라 한껏 기분이 들떠 있는 명석 씨. 매일 같이 선배들이 쏟아내는 잡일만 한다고 투덜대던 중에 고성대 대리에게서 일다운 일을 부여받은 까닭이다.

'그래봐야 시장동향 자료를 엑셀로 정리하는 일이기는 하지만, 그래도 복사보다는 훨씬 일 같은 일 아니겠어. 흐흐~.'

이런 생각에 마치 피아노 건반을 치듯 흥겹게 자판을 두드리던 명석 씨. 2시간 만에 30페이지짜리 시장동향 보고서를 작성해서 고 대리에게 제출한 후 의기양양하게 자리로 돌아온다. 하지만 10분 후, 고 대리의 호출을 받고 달려간 명석 씨에게 여지없이 잔소리가 쏟아졌다.

"명석 씨, 이거 작성하고 나서 확인은 해본 거야? 업체명 오탈자에 아예 명단에서 빠져 있는 업체도 있고, 게다가 시장점유율도 엉망으로 계산돼 있잖아. 빨리만 한다고 대수야? 이런 단순한 일도 제대로 못하면 나중에 내가 어떻게 명석 씨를 믿고 일을 맡기겠냐고. … 이거 다시 정리해 와!”

10분이 넘게 잔소리를 듣고 나서야 자리로 돌아온 명석 씨. 팀원들 보기에 부끄러워 잔뜩 고개를 숙이고 한숨을 내뱉는다.

“고 대리님 잔소리가 만만치 않지? 그렇다고 너무 실망하지는 마. 명석 씨뿐만 아니라 누구나 회사생활 초기에 거쳐야 할 과정이니까.”

명석 씨가 마치 천사의 음성처럼 들리는 위로의 말에 고개를 들어보니 같은 팀 장세한 선배가 아빠 미소를 지으며 서 있었다.

“고 대리님이 한 성질 하기는 하지만, 명석 씨가 3년 차쯤 되면 그 잔소리의 소중함을 깨닫게 될 거야. 뿌린 만큼 거둔다는 말 있지? 회사생활도 마찬가지야. 초기에 얼마나 많은 노력을 투입하는가에 따라 그 사람의 성장속도가 달라진다는 말이지.”

4년 차 선배의 기품이 느껴지는 조언을 듣고 감사한 마음과 함께, 이제부터라도 ‘성장’의 의미를 생각하면서 일을 해야겠다고 다짐하는 명석 씨다.

멘토의 조언

여러 기업에서 인사팀을 운영하며 수천 명의 직원을 채용하고 관리하는 과정에서 필자가 깨달은 원리 하나가 있습니다. 바로 성장에도 ‘복리효과’가 있다는 사실입니다. 복리효과를 잘 설명하는 옛날이야기가 있습니다. 어느 동네의 부잣집 처녀를 마음에 둔 한 총각이 그 집에 찾아가서 머슴살이를 청했습니다. 그러면서 그 총각은 부자에게 세경으로 첫날에는 쌀을 한 톨만 받을 테니, 다음 날에는 두 톨, 3일째는 네 톨, 하는 식으로 매일 세경을 2배씩 올려달라고 했습니다. 부자는 '이런 바보가 있나' 하는 생각으로 얼른 승낙을 했지요. 하지만 얼마 후 부자는 감당 못할 정도로 늘어난 세경 때문에 오히려 총각에게 사정하는 처지가 됐습니다. 결국 그 총각은 그것을 빌미로 그 집 처녀와 결혼을 하게 됐지요.

여러분이 업무수행을 통해 성장하는 데도 이러한 복리의 마법이 적용됩니다. 즉, 회사생활 초기에 편한 상사와 직무·근무환경을 만나 큰 어려움이나 스트레스 없이 일했던 사람과, 처음부터 힘든 직무와 엄청난 업무량, 엄한 상사를 만나 많은 고민과 스트레스를 겪으며 일한 사람을 2년 정도 후에 비교해보면 성장속도에서 엄청난 차이가 생깁니다. 필자는 실제로 회사생활 초기에 업무에 투입한 노력의 질과 양에 따라서 1~2년 후 성장의 격차가 엄청나게 벌어지는 사례들을 숱하게 봐왔습니다. 또한 이러한 성장의 복리효과는 시간이 지날수록 기하급수적으로 커지기 때문에, 초기에 회사생활을 편하게 했던 사람이 2년 뒤 마음을 고쳐먹고 노력해도 쉽게 차이를 극복할 수 없습니다.

회사생활 초기에 일과 삶의 균형을 유지하려고 에너지를 분산시키면 성장속도는 당연히 떨어집니다. 이 시기에는 일에서 즐거움을 찾아야 합니다. 그러다가 연차가 어느 정도 쌓인 후에 일과 삶의 균형을 맞추는 것이 현명한 전략입니다. 회사생활 초기에는 빠른 시일 내에 일 잘하는 습관을 내재화하는 것이 무엇보다 중요합니다. 이를 위해 갖춰야 할 가장 중요한 요소는 긍정적인 마인드와 태도입니다. 어려운 상사를 만나면 나를 성장시켜줄 고마운 사람이라고 생각해야 하고, 어려운 과제가 주어지면 나를 성장시켜주는 고마운 일이라고 생각해야 합니다. 회사생활 초기에 좋은 점은 실패를 해도 다시 도전할 시간이 많다는 것입니다. 이 좋은 시기를 편하게 보내려고 마음먹는 순간 자신도 모르는 사이에 도태의 길에 들어서게 됩니다.

회사생활을 하면서 한명석 씨처럼 매일 같이 엄한 상사에게 잔소리를 듣게 된다면, 누구나 회사 다닐 맛이 안 난다고 생각할 것입니다. 하지만 장세한 씨의 조언처럼 그 잔소리를 '나를 성장시켜주는 조언'이라고 생각해보면 어떨까요? 똑같은 잔소리지만 듣는 자세가 달라지고, 그 조언대로 일하는 습관을 바꿔나가다 보면 점차 잔소리를 듣는 횟수도 줄어들게 됩니다. 그것이 바로 '성장'했다는 의미인 것이지요. 그러다 보면 여러분이 3~4년 차쯤 됐을 때 '경력도 많지 않은데 그 정도의 사고와 지식을 가지고 있다니 놀랍다'는 말을 자주 듣게 될 것입니다.

회사생활 초기에는 누구나 힘들다고 생각합니다. 다만 고생을 고생 그대로 받아들이느냐, 나를 성장시키는 묘약이라고 받아들이느냐에 따라 과정과 결과가 달라질 뿐입니다. 여러분이 처한 환경을 탓하지 마십시오. 여러분이 있는 그곳이 작은 회사든, 큰 회사든 도전하는 사람이 성장의 열매를 딸 수 있다는 점에서는 차이가 없습니다.

03

업무적응도를 높이는 히스토리 파악방법

입사 7개월 차에 접어들자 점차 복사 같은 단순업무는 줄어들고 명석 씨 앞에 기나긴 서류작성의 여정이 펼쳐졌다. 명석 씨는 주로 선배들이 작성하는 영업 관련 보고서에 첨부되는 참고자료를 작성하는 일을 맡았는데, 이게 생각처럼 쉽지가 않았다. 서류작성에 필요한 기본자료가 대체 어디에 쌓여 있는지, 어떤 양식에 맞춰 작성해야 하는지가 늘 헷갈렸기 때문이다.

“무슨 생각을 그리 골똘히 하냐? 꼭 넋 빠진 사람처럼.”

마침 영업지원팀에 서류를 전하러 왔다가 아는 체를 하는 동기 이정도 씨였다.

“어, 정도야. 마침 잘 왔다. 너 혹시 작년도 영업실적 데이터를 어디서 구해야 하는지 알아?”

"그거? 재무팀 오영식 대리한테 요청하면 돼. 오후에 요청하면 다음날 오전에는 받을 수 있을 거야. 아, 그리고 보고서 첨부자료로 작성해야 하는 거면 영업지원팀에서 과거에 작성한 서류 찾아서 양식 확인한 후에 그룹웨어에서 같은 걸로 다운 받아서 작성하면 돼."

'헉, 넌 어느 별에서 온 거냐. 왜 모르는 게 없는 거지?'

명석 씨는 자기 부서 일도 아닌데 막힘없이 척척 대답하는 정도 씨가 얄미울 정도로 신기할 따름이다.

"동기지만 존경스럽다. 도대체 어떻게 터득한 노하우인 거냐?"

"됐네. 이런 일로 무슨 존경까지. 입사해서 경영기획팀에 배치된 후에 틈날 때마다 그룹웨어도 살펴보고, 사무실 캐비닛에 정리된 서류들도 읽어보고 하다 보니 업무흐름이 어느 정도 보이더라고. 공문이나 서류를 보면 누가 무슨 일을 어떻게 했는지 대충 알 수 있잖아. 협조부서 담당자도 나와 있고. 사실 나도 기봉만 대리님이 처음부터 히스토리를 워낙 강조해서 그런 습관이 생긴 거야. 옛것을 익혀야 새것을 알 수 있다, 이거지."

'뿌린 만큼 거둔다'에 이어 '온고이지신'까지, 마치 회사생활이 아니라 구도의 길에 접어든 듯한 생각이 드는 명석 씨다.

멘토의 조언

필자는 '온고이지신(溫故而知新)'이라는 한자성어를 특별히 좋아합니다. 옛것을 익혀 새것을 안다는 의미이지요. 특히 회사생활 초기에 업무를 맡았을 때 이 한자성어의 의미를 꼭 기억하십시오. 어떤 일을 시작하든 그 일의 히스토리(History)를 모르면 필연적으로 시행착오와 마주치기 때문입니다. 반대로 일을 시작하기에 앞서 히스토리를 파악하면 과거에 그 일이 진행됐을 때의 경과와 시사점을 얻을 수 있기 때문에 오류를 최소화하면서 일을 성공시킬 수 있는 기초를 닦을 수 있습니다. 마치 우리가 역사를 통해 과거 선현들의 경험을 공유하고 이를 기반으로 이 시대에 필요한 새로운 것을 창출하는 일과 같은 이치지요.

필자는 직장생활을 할 때 어떤 조직에 들어가든 일주일 정도는 과거에 만들어진 모든 문서를 읽어보고, 주변 사람들에게서 그 조직의 히스토리를 많이 들어봤습니다. 현재의 체계나 업무방식 등은 결국 과거에 어떤 이유로 인해 만들어졌을 것이기 때문이지요. 이처럼 과거에 기초하지 않은 현재나 미래는 없습니다. 특히 사례의 이정도 씨처럼 여러 가지 방식으로 일이나 부서의 히스토리를 파악하다 보면 다른 부서의 업무진행 방식까지도 이해하게 돼 업무에 큰 도움을 얻을 수 있습니다.

어떤 아이디어나 개선안이 나오려면 입체적인 정보가 많아야 합니다. 그럼 점에서 과거의 업무 히스토리는 매우 중요한 정보가 됩니다. 때로는 회사에서 과거에 실패한 일을 맡게 될 때도 있습니다. 이런 경우 일을 잘 못하는 사람들은 대부분 '그때는 그 사람들이 변변치 못해서 실패한 거야'라고 단정하고, 히스토리도 파악하지 않은 채 일을 밀어붙입니다. 하지만 안타깝게도 그 결과는 대부분 과거의 시행착오를 그대로 따라가는 데 그치고 말지요. 물론 과거에 안 된 일을 다시 시도하지 말라는 이야기가 아닙니다. 과거에 실패한 일을 다시 시도하기 위해서는 실패원인을 분석하고, 그 분석결과를 토대로 새로운 전략을 짜야 한다는 의미지요.

히스토리를 파악하는 방법은 어렵지 않습니다. 먼저 과거에 작성된 각종 기획문서와 규정, 업무방침, 회의록, 메일 등을 찾아봅니다. 그것들을 시간의 흐름에 따라 읽다 보면 현재의 제도나 시스템, 일하는 내용들이 왜 이렇게 바뀌었는지를 이해할 수 있습니다. 또한 주변 사람들에게 조직과 관련한 예전 이야기들을 많이 묻고 들어봐야 합니다. 이런 식으로 문서와 대화를 통해 히스토리를 파악하다 보면 현재 조직의 업무에 대한 입체적인 상황이 파악되고, 이를 바탕으로 일을 진행하는 데 필요한 통찰력을 얻을 수 있습니다.

:: 히스토리를 파악하는 방법

① 과거 그 일의 시작부터 마무리되기까지 작성된 서류들을 시간의 흐름에 따라 읽어본다.
② 팀의 공용폴더에 올라와 있는 문서를 읽어보면서 문서의 틀, 구조, 형식, 내용 등을 파악한다.
③ 회사에서 선호하는 문서나 보고서의 형식을 파악한다.
④ 전자결재 또는 품의를 받아 놓은 문서를 잘 읽어보면 예산집행에 필요한 절차를 파악할 수 있다.

04

일념(一念)이 만드는 성공의 원리

팀 내 막내이다 보니 서류전달 등 여러 가지 일로 다른 팀에 갈 일이 많은 명석 씨. 그런 명석 씨를 유독 곤혹스럽게 하는 선배가 있으니, 바로 영업팀의 박남도 선배였다. 명석 씨가 업무협조를 요청하러 갈 때마다 담배를 피우러 나가서 한참 이따 돌아오거나, 사적인 전화를 하느라 한참 동안을 멀뚱히 기다리게 만들기 일쑤였다. 매번 골탕을 먹는 게 약이 오른 명석 씨는 장세한 씨에게 볼멘소리를 늘어놓는다.

"선배님, 영업팀 박남도 선배와 동기시죠? 그 선배 도대체 왜 그러신대요. 갈 때마다 자리에 안 계셔서 서류 확인 받는 데 3~4번은 기본으로 가야 해요."

"응, 그 친구 신입 때부터 유명했어. 아직까지 안 잘린 게 신기할 정도라니까. 나도 괜히 밉보이니까 그러지 말라고 몇 번이나 충고했는데, 일이 재미없어서 그런다면서 들을 생각을 안 하더라고. 그럼 다른 결단을 하든가 해야 하는데 그것도 아니고. 내 동기지만 정말 답답해요, 답답해."

선배의 말을 듣고 문득 뚜렷한 목적 없이 시계추 같은 인생을 살고 있는 남도 씨가 괜히 안쓰럽게 느껴지는 명석 씨다.

'그렇다면 난 지금 하고 있는 일을 즐기고 있는 걸까?'

스스로 던진 질문에 확신이 서지 않는 명석 씨. 그런 명석 씨에게 세한 씨가 해준 조언이 마치 해답처럼 다가왔다.

"일을 즐긴다는 게 말처럼 쉽지는 않아. 특히 명석 씨처럼 중요한 일을 맡지 못하는 시기에는 더욱 그렇지. 그런데 행복해서 웃는 게 아니라 웃어야 행복해진다는 말처럼, 일이 재미있어서 즐기는 게 아니라 재미있다고 생각하고 열심히 하다 보면 어느 순간 일을 즐기게 되는 날이 올 거야. 그러다 보면 자연스럽게 일에 몰입도 되고 실수도 줄어들게 되는 거지."

멘토의 조언

회사생활 초기에는 한 번 자리에 앉으면 점심시간이나 퇴근시간이 된지도 몰라야 합니다. 일의 재미에 빠져서 시간가는 줄도 몰라야 한다는 의미입니다. 그렇지 않고 하루가 길게 느껴지고 퇴근시간이 기다려진다면 이미 머릿속에 잡념이 가득 차 있는 상태라고 보면 됩니다. 단언컨대, 이런 상태로는 절대로 업무성과나 역량의 향상을 기대할 수 없습니다. 그러다 보면 결국 사례의 박남도 씨처럼 의미 없는 회사생활을 이어가다가 결국 도태되는 위험을 초래할 수 있습니다.

만일 여러분이 지금 하고 있는 일에 재미를 느끼지 못하고 있다면 반드시 그 원인을 따져봐야 합니다. 재미를 느끼지 못하는 일을 통해 성장하거나 성공하기는 하늘의 별 따기만큼 어렵기 때문이지요. 아니 거의 불가능하다고 보면 맞습니다. 만일 일이 재미없는 이유가 정말 하기 싫어서라면 지금 당장 일을 바꿔야 합니다. 그런 이유가 아니라면 어떻게든 그 일에 매달려서 재미를 붙여야 합니다. 상황은 조금 다르지만, 어쩌면 〈미생〉에서 오상식 차장이 흔들리는 장그래에게 "버텨라. 그리고 꼭 이겨라"라고 한 말의 의미가 이것일지 모릅니다. 그렇게 힘들지만 버티고 이겨내다 보면 얼마 안 있어 일이 재미있어집니다. 하지만 안타깝게도 많은 사람이 이 시기를 견뎌내지 못하고 '나는 재능이 없는 것 같다'며 포기하고 맙니다.

여러분이 포기하지 않고 일에 재미를 붙이려면 항상 자기 스스로에게 암시를 걸어야 합니다. '나는 이 일이 좋다. 너무 좋다' 하는 식으로 말이지요. 일을 하다가 잡념이 끼어들면 머릿속에서 바로 쫓아내고, 다시 '나는 이 일이 좋다. 너무 좋다'를 반복합니다. 조금 유치해 보일지 모르지만 이것이 진정한 몰입의 방법입니다. 우리의 머릿속은 마치 군데군데 깨진 항아리 같아서 항상 여러 생각과 감정들이 들락날락합니다. 그럼에도 우리는 오직 '일'이라는 한 가지 생각으로만 머릿속을 가득 채워야 합니다. 그러면 몰입이 되면서 일이 재미있어지고, 잡념도 사라집니다.

영화 〈가타카(Gattaca)〉를 보면 몰입과 일념(一念)이 얼마나 위대한 결과를 만들어내는지 느낄 수 있습니다. 이 영화는 유전자 조작에 의해 신분이 결정되는 어느 미래에 자연적인 방식으로 태어난 빈센트의 일화를 그리고 있습니다. 심장질환에 범죄자의 인자, 그리고 31살에 사망한다는 운명을 타고난 빈센트에게는 우주비행사라는 이루지 못할 꿈이 있습니다. 그에 반해 그의 동생 안톤은 유전자 조작을 통해 우수한 인자를 가지고 태어납니다. 어릴 때부터 동생 안톤과 바다 한가운데로 헤엄쳐가는 시합에서 단 한 번도 이겨본 적이 없는 빈센트는 우주비행사가 되기 위한 긴 여정을 떠나기에 앞서 벌인 시합에서 죽을힘을 다한 끝에 승리합니다. 그 후 천신만고 끝에 유전자를 숨기고 가타카에 입사한 빈센트는 우주비행사가 되기 위한 혹독한 훈련을 견뎌내고 결국 그 꿈을 이루게 됩니다. 그리고 우주로 떠나기 전날, 비 내리는 밤! 그는 형사가 돼서 찾아온 동생 안톤과 마지막으로 바다 한가운데로 헤엄쳐가는 결투를 벌여 승리를 거둡니다. 힘이 빠져 허우적거리다 빈센트에게 가까스로 구조된 안톤은 "어떻게 그 별 볼 일 없는 몸으로 완벽한 유전자를 가진 나를 이길 수 있느냐"고 묻습니다. 이때 빈센트는 이렇게 대답합니다.

"나는 돌아갈 자리를 만들지 않았기 때문이야!"

정해진 방향에 일념으로 자신의 에너지를 모두 쏟아 부은 사람만이 할 수 있는 말이 아닐까요? 필자는 이 영화를 보고 나서 '천 사람을 이기는 것보다 자기를 이기는 것이 더 힘들다'는 법구경의 한 대목이 떠올랐습니다. 여러분 역시 아마추어의 껍질을 깨고 프로로 성장하기 위해서는 끝없이 스스로를 이겨내는 과정을 거쳐야 합니다. 그 과정에서 나약함은 수시로 여러분을 퇴보의 길로 이끌기 위해 유혹할 것입니다. 하지만 불같은 열정과 일념으로 나약함을 과감하게 태워 날려 버리고 성공을 위해 정진하십시오.

05

자아실현욕구를 충족시키는 삶의 지혜

"팀장님, 영업팀 소식 들으셨어요?"

뜬금없는 고성대 대리의 질문에 박유식 팀장이 영문을 모르겠다는 표정을 짓자 고 대리가 말을 잇는다.

"영업팀 무모해 대리가 영업실적을 올리려고 거래처 구두계약 건을 모두 매출로 잡았다는 거예요. 그런데 회사에서는 무 대리 말만 믿고 물건을 보냈다가 정식계약도 안 했는데 왜 보냈냐고 항의전화가 빗발치고, 아예 거래를 끊겠다는 거래처도 있고…."

"그 친구 실적 올려서 인정받겠다고 과욕을 부리더니, 결국 탈이 나고 말았군. 아무리 인정받는 게 좋더라도 정도를 지켜야지."

명석 씨는 상사들이 나누는 대화를 들으며 문득 이런 생각이 들었다.

'영업은 실적싸움이라더니 정말 별 일이 다 있구나. 아무리 그래도 대

체 성공이 뭐라고 무 대리님은 그렇게 일을 무모하게 진행했을까…?'

그러다 무 대리가 어떤 조치를 받게 될지 궁금해진 명석 씨는 살짝 고 대리에게 다가가 물어본다.

"저, 대리님. 그러면 무 대리님은 어떻게 되는 건가요?"

"뭘, 어떻게 돼. 보통 일이 아니니 회사에서 중징계가 떨어지겠지. 명석 씨도 어디서 일하든 성공의 기준을 명확히 잡아야 해. 아무리 실적이나 성과가 중요하더라도 양심에 어긋나는 일을 하면 언젠가는 탈이 나게 마련이야. 아참, 명석 씨도 지난번에 고객전화 잘못 받은 거 어물쩍 넘기려다 나한테 걸려서 된통 혼난 적 있지? 그게 별 일 아닌 거 같아도 말이야…."

그 뒤로도 고 대리의 잔소리가 길게 이어지자 괜히 물어봤다는 후회가 밀물처럼 밀려드는 명석 씨다.

멘토의 조언

사람은 누구나 자신의 인생에서 성공하고 싶어 합니다. 이 책을 읽는 여러분도 그런 마음을 품고 있을 것입니다. 그런데 사람마다 성공에 대한 생각이 다르다 보니 성공이 무엇이다 하고 정의하기가 쉽지 않습니다. 일반적으로 성공은 자신이 세운 목표를 달성하는 것이라고 정의하곤 합니다. 하지만 이러한 정의에도 무리가 따릅니다. 요즘에는 워낙 취업이 어렵다 보니 연봉 3,000만 원 받는 회사에만 들어가도 소원이 없겠다는 사람들이 많습니다. 그리고 실제 그런 회사에 들어가면 처음에는 매우 행복해 합니다. 그러다가 더 큰 회사에 들어간 친구에게서 연봉 4,000만 원을 받고 복리후생도 좋다는 이야기를 들으면 그날 밤 잠이 안 옵니다. 연봉 4,000만 원이라는 비교기준을 가지고 자신의 상황을 평가하기 때문이지요. 물론 이것이 더 열심히 일하게 만드는 동기요인이 되기도 합니다. 하지만 이런 비교기준을 가지고 있으면 열심히 노력해서 연봉이 4,000만 원으로 오르더라도 연봉 5,000만 원을 받는 친구를 만나면 또다시 우울함에 시달릴 수밖에 없습니다.

이처럼 비교기준에 의해 목표를 세울 경우 그 목표를 달성한 순간에만 성취감을 느낄 뿐 금세 허무함이 찾아옵니다. 비교기준은 끝없이 높아지기 때문이지요. 게다가 그렇게 세운 목표를 달성할 때까지의 긴 시간은 행복함보다는 고통으로 다가올 가능성이 큽니다. 그렇기 때문에 우리는 남들에게 인정받는 목표보다는 그것을 달성했을 때 행복감을 느낄 수 있는, 다시 말해 가치에 기반한 목표를 세워야 합니다.

매슬로우는 욕구 5단계 이론을 통해 인간은 하위욕구가 충족돼야 상위욕구가 충족된다고 했습니다. 즉, 우선 생존이 가장 중요하고, 생존이 충족되면 안전하고 싶은 욕구가 일어나며, 안전이 충족되면 사회적 관계를 맺고 싶은 욕구가 일어나고, 사회적 관계가 충족되면 존경을 받고 싶어진다는 것입니다. 그리고 이것들이 모두 충족됐을 때 최상위욕구인 자아실현욕구가 일어난다고 했습니다.

바로 이 자아실현욕구가 충족됐을 때가 위에서 말한 '성공에 따른 행복감'을 느끼는 순간입니다. 물론 자아실현 역시 성공만큼이나 정의하기 어려운 개념이기는 하지만, 남이 아니라 '내 스스로 나를 인정하는 것' 정도로 이해하면 됩니다.

:: 매슬로우의 욕구 5단계

고등학교를 중퇴한 학력으로 유럽의 거대그룹인 버진그룹을 설립해 운영하고 있는 리처드 브랜슨(Rechard Branson) 회장은 자신의 저서《비즈니스 발가벗기기》에서 이런 이야기를 들려줍니다.

'기업가정신은 또한 탁월함과 관련돼 있다. 누가 주는 상이나 다른 사람의 승인으로 측정되는 탁월함이 아니라, 세상에 무엇을 제공할 수 있는지 탐구함으로써 자기 자신을 위해 성취할 수 있는 그런 탁월함 말이다. 나는 얼마 전 나처럼 난독증이 있는 사람에게 편지를 썼다. '자신의 장점을 찾는 것, 자신이 잘하는 분야에서 뛰어나도록 노력하는 것이야말로 가장 중요하다'고 말이다.'

브랜슨의 말처럼 진정한 행복은 다른 사람의 인정으로 측정되는 무엇이 아닌, 자신을 위해 성취할 수 있는 것을 추구할 때 얻을 수 있습니다.

'진정한 성공의 의미는 무엇일까?'

이것은 사회생활을 하고 있는 우리 모두가 반드시 스스로에게 던져봐야 할 가장 중요한 질문입니다.

06

성공의 크기를 키우는 목표와 비전수립 방법

조용하던 사무실에 사내방송 소리가 울려 퍼졌다.

"교육팀에서 알려 드립니다. 어제 공지한 대로 잠시 후 10시부터 대강당에서 2년 차 이하 사원들을 대상으로 한 특별강연이 있습니다. 각 팀에서는 해당 사원들이 모두 참석할 수 있도록 협조해 주시면 감사하겠습니다."

잠시 후 대강당에는 1~2년 차 사원들이 북적북적 모여들었다. 명석씨도 각 팀에 흩어져 있던 동기들과 반갑게 인사를 나눈 후 몇몇 친한 동기들과 빈 좌석에 자리를 잡았다. 곧이어 '비전과 사명'을 주제로 초청 강사의 강연이 이어졌다.

"여러분은 비전이나 사명을 가지고 있나요? 비전이나 사명은 내비게이션 같은 효과를 줍니다. 여러분이 인생이라는 여정에서 길을 잃고 헤매는 일이 없도록 도와주는 역할을 한다는 의미지요. 비전을 세우려면…"

그렇게 1시간에 걸쳐 진행된 강연은 참석자들의 우레와 같은 박수소리와 함께 마무리됐고, 명석 씨는 동기들과의 짧은 만남에 아쉬움을 느끼며 사무실로 돌아왔다.

"명석 씨, 강의 재미있었어? 설마 강연 내내 졸은 건 아니겠지?"

명석 씨가 자리에 앉자마자 장세한 씨가 농담을 건넨다.

"에이, 그건 아니고요. 비전과 사명에 대한 내용이었는데 솔직히 비전이라는 걸 어떻게 세워야 하는지 잘 모르겠더라고요. 혹시 선배님은 비전이 있으세요?"

"당연히 있지. '최고의 마케팅 전략가가 되겠다.' 어때 멋지지 않아?"

'뭐지, 이 식상함은….'

선배라서 말은 못하지만 그다지 새로울 것도 없는 비전을 거창하게 이야기하는 선배에게 실망할 수밖에 없는 명석 씨다.

"명석 씨, 지금 내 비전이 너무 뻔하다고 생각하고 있지? 하하, 당연히 그렇게 생각할 수 있지. 하지만 비전이라고 해서 꼭 거창할 필요는 없어. 나처럼 단 한 줄이면 충분하다고. 다만 그 비전을 이루기 위한 전략을 얼마나 구체적으로 세워서 실천하느냐가 중요한 거지. 명석 씨도 딱 하루만 시간을 내서 마음의 여유를 가지고 스스로의 비전에 대해 고민해보라고. 그럼 지금보다는 훨씬 미래가 구체적으로 다가오는 느낌을 받을 수 있을 거야."

그제야 선배의 깊은 뜻을 이해하고 실행을 결심해보는 명석 씨다.

'나도 이번 주말에는 방랑시인처럼 교외를 거닐며 나만의 비전을 세워보리라!'

멘토의 조언

예일대학에서는 1953년에 '목표를 적어두었을 때 나타나는 효과'를 연구하기 위해 졸업생들에게 20년 후의 목표에 대한 구체적인 보고서를 써내라는 과제를 냈습니다. 그런데 20년 후에 결과를 확인해보니 목표를 구체적으로 적어 낸 3%의 사람이 가진 영향력이 나머지 97%보다 훨씬 컸다고 합니다. 또한 마음에 목표를 가지고 있던 10%는 비교적 여유 있게 살고 있는 반면, 나머지 87%는 생계유지에 급급해 했다고 합니다. 이 사례는 우리에게 목표를 세우는 것이 얼마나 삶에 큰 영향을 끼치는지를 잘 보여주고 있습니다.

보통 한 분야에 1만 시간을 투입하면 달인이 된다고 합니다. 우리나라 최초로 올림픽 피겨부문에서 금메달을 획득한 김연아 선수는 6살 때 인생의 목표를 세우고 무려 6만 시간을 투입했다고 하지요. 이밖에도 다양한 분야에서 성공한 사람들을 분석해보면 다음 그림과 같이 명확한 방향성과 몰입이라는 2가지 요인이 곱해져서 성공의 크기를 만들었다는 공통점을 발견할 수 있습니다.

필자가 다양한 조직에서 경력개발 관련 강의나 컨설팅을 해보면 상당

:: 성공의 크기를 결정하는 2가지 요인

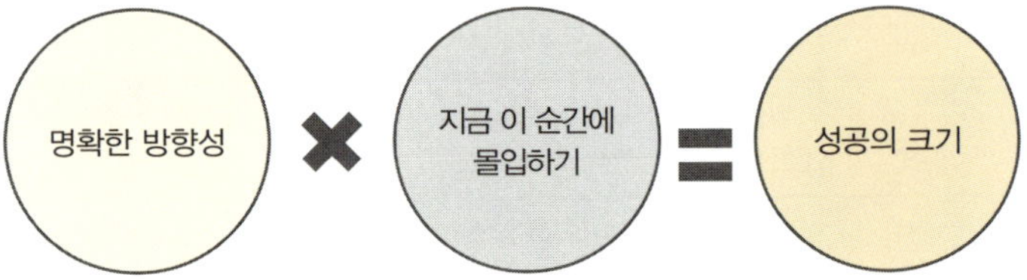

수의 사람들이 자신의 목표를 수립한 사명서(Mission Statement)를 만들어 보지 않았다는 사실에 놀라곤 합니다. 그래서 그 이유를 물어보면 대부분 수시로 목표가 바뀌기 때문이라고 대답합니다. 물론 한 번 정한 목표가 절대 변하지 않는 경우는 거의 없습니다. 그렇다고 목표를 아예 세우지 않는다면 절대 3%의 성공적인 삶의 영역에 들어갈 수 없습니다. 일단 목표를 세운 후에 목표에 대한 정보 등이 많아지면 목표를 수정하거나 업데이트하면 됩니다. 오히려 그렇게 수시로 업데이트하는 과정을 거쳐야만 막연했던 목표를 더 구체화할 수 있는 것입니다.

또한 사명서를 만들 때는 반드시 미션에 기반한 본질적인 목표를 세워야 합니다. 여기서 미션이란 다음 표와 같이 목표를 세우고 달성하는 주체의 존재의의와 행동이념, 다른 말로 세상에 주는 가치를 의미합니다. 이러한 미션을 기반으로 하위목표인 비전을 세우고, 목표를 달성하기 위한 전략과 계획을 세우면 됩니다.

미션과 비전의 구조를 가장 명확하게 정립하고 있는 대표적인 인물로 테슬라(TESLA) 자동차의 CEO 엘런 머스크(Elon Musk)를 들 수 있습니다. 그는 다음 페이지의 표와 같이 '인류를 환경오염과 자원고갈의 위

:: 미션에 기반한 목표를 세우는 방법

미션	존재의의와 행동이념(세상에 주는 가치)
비전	꿈, 미래 이상향(손에 잡힐 듯이 묘사한 목표)
전략	현실과 비전 사이의 차이(Gap)를 줄이기 위한 선택과 집중(방향성)
계획	전략을 실행하기 위한 계획(Action Plan)

:: 엘런 머스크의 미션수립 사례

미션	인류를 환경오염과 자원고갈의 위기에서 구해내기
비전	1단계 : 페이팔로 시드머니 만들기 2단계 : 전기자동차와 태양광에너지의 상용화 3단계 : 인류를 화성으로 보낼 우주로켓 제작
전략	• 차체 바닥을 배터리로 깔아서 1회 충전에 500km를 주행할 수 있는 전기자동차 만들기(모델 S) • 태양광사업으로 화석연료 의존도 낮추기 • 재활용 및 효율성 제고로 우주로켓 제작비용을 1/10로 낮추기 • 전기자동차 특허를 전면 개방해 산업의 판 키우기 • 거대 배터리공장을 세워서 배터리가격 낮추기 • 3,000만 원대의 전기자동차 보급(모델 X)

기에서 구해내겠다'라는 하나의 본질적인 가치에 집중해 현재 전기자동차, 우주로켓, 태양광사업을 동시에 추구하고 있습니다.

존슨앤존슨에서 타이레놀 사건 때 대처한 모습을 보면 미션의 중요성을 더욱 쉽게 이해할 수 있습니다. 1982년 9월, 시카고에서 타이레놀을 먹고 무려 8명이 사망한 사건이 발생했습니다. 조사결과 누군가 타이레놀 병 속에 청산가리를 주입해서 생긴 일로, 존슨앤존슨의 잘못은 아니라는 사실이 밝혀졌습니다. 그럼에도 불구하고 이 회사는 1억 달러의 손실을 감수하고 당시 생산돼 있던 타이레놀 전량을 회수해서 폐기했습니다. 존슨앤존슨은 이 일로 엄청난 신뢰를 확보함으로써 더 크게 성장하는 계기를 마련할 수 있었습니다. 존슨앤존슨은 창업 초기부터 기업의 사회적 책임이라는 미션을 담은 '우리의 신조(Our Credo)'라는 일종의 사명서를 공표한 것으로 유명하며, 윤리경영의 원조라고 불리기도 합니다. 또한 이 회사를 설립한 가문에는 가족에게 자신이 한 일을 이야기할 때 얼굴이 빨개지지 않아야 한다는 의미가 담긴 '붉은 얼굴 테스트'라는 전통이 있다고 합니다. 존슨앤존슨은 이러한 미션과 전통을 기반으로 책임 있는 모습을 보여줌으로써 지금과 같은 세계적인 회사로 성장할 수 있었던 것입니다.

나의 사명서 만들기는 결코 어렵지 않습니다. 다음 그림과 같은 형태

:: 나의 사명서 사례

○○○ 사명서(Mission Statement)

1. 미션(세상에 주는 부가가치)
   •
   •

2. 비전(3년, 5년, 10년 뒤의 나의 모습 또는 꿈)
   • 3년 :
   • 5년 :
   • 10년 :

3. 전략(현재 모습과 비전 사이의 차이를 줄이기 위한 선택과 집중)
   •
   •

4. 실행계획(Action Plan, 연 단위 계획)

구분	내용
2015년	
2016년	
2017년	

로 사명서를 만들어 자신의 미션에 기반한 목표 등을 기록한 후 주기적으로 업데이트해주면 됩니다. 사명서를 작성하는 핵심요령은 다음과 같습니다.

- **미션** : '나'는 세상에(또는 고객에게) 어떤 가치(부가가치)를 제공하고 싶은지를 기술합니다.
  예) 최첨단 조직을 구축하는 능력과 철학을 융합해 교육에서부터 실제 조직구축까지, 21세기 새로운 조직문화를 만드는 촉진자 역할을 수행하겠다.
- **비전** : '나'는 3년, 5년, 10년, 20년, 30년 뒤에 어떤 사람이 되고 싶은지를 기술합니다.
  예) 나는 10년 후에 업계 최고의 서비스 기획 전문가가 되겠다.
- **전략** : 현재의 나의 모습과 비전 사이의 차이를 줄이기 위해 향후 3년간 나는 어디에 에너지를(노력을) 집중할 것인가를 기술합니다. 이때 비전달성을 위한 집중력을 높이려면 전략을 1~3개 내외로 정하는 것이 바람직합니다.
- **계획** : '나'는 연도별로 어떤 일을 어떤 일정으로 해나갈 것인지를 기술합니다. 계획은 전략을 달성하기 위한 연도별 또는 일정 기간별 실행계획(Aciton Plan)을 의미하며, 3~5년 사이에 실행할 수 있는 계획을 세우는 것이 좋습니다.

사명서를 처음부터 완벽하게 기술하려면 중간에 포기할 가능성이 커지므로, 처음에는 그냥 생각나는 대로 적은 후 '버전 1.0' 등의 이름을 붙여놓고 주기적으로 수정·보완해나가는 것이 좋습니다. 또한 사례의 명석 씨처럼 주말에 시간을 내서 한적한 교외를 돌아다니며 차분히 자신의 비전에 대해 생각해보는 것도 좋은 방법입니다. 따뜻한 커피 한 잔을 마시며 주변 경치를 즐기다가 마음이 차분히 가라앉았을 때 '진정으로 내가 하고 싶은 것은 무엇인가?'라는 질문을 스스로에게 던져서 돌아오는 답을 적으면 됩니다. 만일 그 답에 확신이 서지 않는다면 조바심을 갖지 말고 명확한 답을 얻을 때까지 산책과 질문 던지기를 반복합니다. 꿈이 100% 이루어지기는 쉽지 않습니다. 하지만 필자의 경험상 이런 식으로 사명서를 작성해서 이루고자 하는 꿈(비전)을 구체화해 놓으면 최소한 70~80%는 달성할 수 있습니다. 중요한 것은 머릿속의 고민을 반드시 문서(사명서)로 기록해놓아야만 목표를 달성할 가능성이 커진다는 사실입니다. 이것이 바로 성공한 사람들의 공통적인 비결이기도 합니다.

07

통제할 수 있는 것에 집중하는 힘

“명석 씨, 내가 같은 말 두 번 하는 거 싫어한다고 하지 않았나? 분명히 글씨 크기는 11 포인트로 맞춰서 윗분들 보기 편하게 하고, 그룹웨어에 있는 영업활동보고서 양식에 맞춰서 작성하라고 얘기했잖아. 명석 씨 마음대로 할 거면 사업을 해야지, 왜 회사생활을 하나!”

오늘도 여지없이 고성대 대리 앞에서 꼬리를 내리고 한껏 잔소리를 듣고 있는 명석 씨. 장세한 씨에게서 조언을 들은 이후 고 대리의 잔소리를 소중하게 생각하려고 애쓰고 있기는 하지만 도저히 참기 힘든 날이 있다. 명석 씨는 억울한 마음도 하소연할 겸 경영기획팀 동기 이정도 씨를 찾아갔다.

“그런 일이 있었구나. 고 대리님도 친절히 알려주시면 좋을 텐데. 명석이 네가 엄한 상사 만나서 힘들기는 하겠다.”

"아무리 그래도 상사 없는 데서 험담하는 게 보기 좋지는 않네…."

"헉, 기 대리님. 언제 오셨어요?"

상사 험담에 열중하느라고 기봉만 대리가 다가와 듣고 있었다는 사실을 몰랐던 두 사람은 동시에 얼굴이 빨개졌다.

"이번 한 번만 못 본 척 넘어갈게. 다음부턴 그러지 마. 회사에서는 누구든 들을 수 있으니까 조심하라고. 그나저나 내가 명석 씨 얘기를 대충 들어봤는데, 괜한 에너지를 낭비하고 있다는 생각이 드네. 명석 씨, 혹시 스티븐 코비 박사가 쓴 《성공하는 사람들의 7가지 습관》이라는 책 읽어봤어?"

대학생활 내내 온통 학점과 토익에만 신경 쓰느라 책 읽기는 멀리 했던 명석 씨. 갑작스런 질문에 꿀 먹은 벙어리처럼 말을 하지 못하고 있는데 옆에 있던 정도 씨가 무슨 의미인지 알겠다는 듯 입을 연다.

"아, 무슨 말씀인지 알겠어요. 코비 박사가 말한 '관심의 원과 영향력의 원'에 대한 내용 말씀하시려는 거죠?"

"빙고! 한마디로 내 뜻대로 할 수 있는 일에 에너지를 집중하라는 말이지. 명석 씨가 고 대리의 성격이나 업무방식을 바꿀 수는 없는 일이잖아. 그러니까 그건 그것대로 수용하고 명석 씨가 통제할 수 있는 일에 집중하라고. 그렇게 노력하다 보면 명석 씨가 통제할 수 있는 영역이 점점 넓어지고, 반대로 상사의 통제를 받는 영역은 점점 줄어들 거야. 어쩌면 고 대리가 독하게 잔소리를 하는 이유도 그걸 바라서일지도 모르고 말이야."

기 대리의 조언을 듣고 조금 힘들다고 상사의 험담부터 늘어놓은 자신이 부끄럽게 느껴지는 명석 씨다.

멘토의 조언

자신의 꿈을 이루는 데 있어서 앞서 설명한 비전수립만큼 중요한 핵심이 바로 '통제할 수 있는 일에 집중하는 것'입니다. 세상에 내 마음대로 되는 일은 많지 않습니다. 내 마음대로 일이 풀리지 않아 생각이 끊임없이 이어지고, 분노와 억울한 감정이 극대화되고, 머리가 깨질 듯이 아팠던 경험이 누구나 한 번쯤 있을 것입니다. 이러한 상황을 극복하려면 먼저 세상일은 내 마음대로 되지 않는다는 사실을 인식해야 합니다. 이에 대해 로마시대의 철학자 에픽테토스(Epictetos)는《담화록》을 통해 다음과 같이 조언해주고 있습니다.

> '이 비밀을 알면 그대는 행복을 이룰 수 있다. 세상에는 우리의 의지로 통제할 수 있는 것이 있으며, 우리의 의지대로 통제할 수 없는 것도 있다.'

에픽테토스의 조언처럼 우리가 통제할 수 없는 일은 아무리 신경을 쓰더라도 우리 의지대로 바꿀 수 없습니다. 따라서 이러한 일들은 있는 그대로 수용하거나 상황을 인정하고, 우리 의지대로 통제할 수 있는 일에 더욱 집중해야 합니다. 이것은 모든 리더십의 핵심이기도 합니다. 이런 이야기를 듣고 "그렇다면 내 마음대로 되지 않는 일은 무작정 참고 지켜보라는 말이냐?" 하고 따져 묻는 사람도 있을 것입니다. 맞습니다. 누구나 그런 상황을 겪으면 화가 나고 자존심도 상합니다. 하지만 그럴 때 이런 말을 떠올리면 조금은 위안이 될 것입니다.

'너에게 너 자신보다 소중한 것이 있느냐고 묻는다면 없다고 대답할 것이다. 그러므로 만일 네가 너 자신을 소유하고 있다면 너는 네가 결코 잃고 싶지 않은 어떤 것, 운명의 여신이 결코 빼앗아 갈 수 없는 어떤 것을 소유하고 있는 셈이다.'

이 말은 감옥에 투옥돼 죽을 날을 기다리던 로마의 철학자 보에티우스를 찾아온 철학의 여신이 그에게 들려준 말입니다. 이 말처럼 나 자신보다 소중한 것은 세상에 없습니다. 《죽음의 수용소에서》를 쓴 빅터 프랭클(Viktor Frankl)은 2차 대전 당시 나치의 유태인 수용소에서 독방에 발가벗겨진 채 갇혀 아무것도 할 수 없을 때 학생들에게 심리학을 가르치는 상상을 했다고 합니다. 그는 이 경험을 통해 누군가 나를 속박하더라도 그런 상상을 할 수 있는 '나 자신'을 속박할 수는 없다는 사실을 깨닫고 나서 생각과 감정, 행동이 바뀌게 됐고 결국 수용소를 탈출한 후 세계적인 심리학자가 됐다고 합니다.

세계적인 리더십 권위자인 스티븐 코비(Stephen Covey) 박사 역시 그의 저서 《성공하는 사람들의 7가지 습관》에서 다음과 같은 그림을 통

:: 관심의 원과 영향력의 원

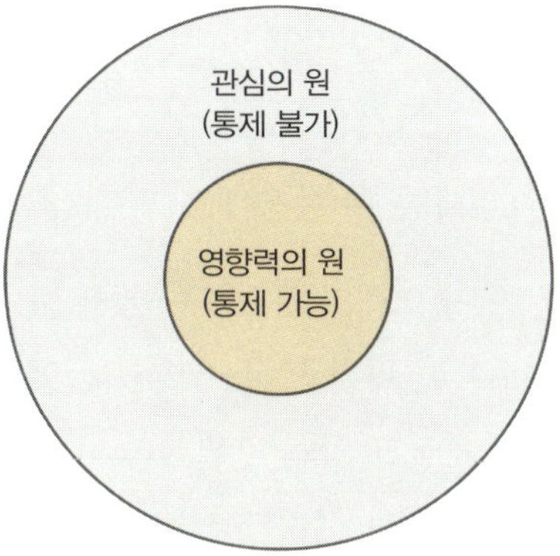

해 '성공하는 사람들은 관심은 가지고 있지만 바꿀 수 없는 관심의 원의 영역보다는 지금 이 순간 내가 할 수 있고 바꿀 수 있는 영향력의 원에 집중한다'는 이야기를 들려줍니다.

특히 회사생활 초기에는 내가 통제할 수 없는 여러 가지 시스템과 환경에 부딪쳐 좌절할 때가 많습니다. 드라마 〈미생〉이 인기를 끈 이유도, 주인공 장그래를 포함한 인턴사원들이 회사라는 조직의 벽에 부딪치며 고민하는 모습에 많은 사람들이 공감했기 때문일 것입니다. 내가 바꿀 수 없는 상황을 인정하고, 지금 이 순간 내가 할 수 있는 일을 하는 것! 이것이 바로 인생에서 성공을 이루는 가장 중요한 습관입니다.

그럼 지금 이 순간 내가 바꿀 수 있는 것은 무엇일까요? 과거는 이미 지나가서 기억 속에만 남아 있으니 바꿀 수 없고, 그렇다고 아직 오지 않은 미래를 바꿀 수도 없습니다. 따라서 지금 이 순간 내 의지대로 바꿀 수 있는 것은 오직 '나 자신'뿐입니다. 이와 관련한 사례 하나를 소개하겠습니다. 어느 날 필자가 알고 있는 A 팀장이 이런 고민을 털어놓았습니다.

"어느 날 우연히 한 술자리에 참석했다가 아는 동료에게서 회사 사람들이 우리 팀을 비판하고 있다는 충고를 들었습니다. 그때는 기분이 좋지는 않았지만 그냥 들어 넘겼는데, 며칠 후 다른 술자리에서 똑같은 이야기를 듣게 됐습니다. 순간 왠지 누군가 의도적으로 그런 이야기를 퍼뜨리고 다닌다는 의심도 들고, 고생하며 프로젝트를 진행하고 있는 우리 팀을 이해해주지 못하는 사람들이 미웠습니다. 그날 밤에는 온갖 생각이 떠올라서 머리가 터져 버릴 것 같았습니다."

그런데 몇 달 후 다시 만난 그 팀장의 표정이 유난히 밝아 보였습니다. 필자가 이유를 묻자 자기 자신한테 질문을 던져봄으로써 고민을 해결할 수 있었다는 대답을 들려주었습니다. 그 팀장이 자신에게 던진 질문은 바로 이것이었습니다.

'주변 동료들조차 사랑하지 못하는 내가 어떻게 사람들을 행복하게 하는 일을 한다는 말인가. 나는 지금 초심을 가지고 업무에 임하고 있다고 자신할 수 있는가?'

A 팀장은 이런 생각이 든 후부터 평판에 신경 쓰지 않고 자신이 통제할 수 있는 일에만 집중하게 됐고, 그러다 보니 자연스럽게 팀의 평판도 좋아지고 좋은 평가도 받을 수 있었다고 합니다.

'경영의 신'이라 불리며 교세라그룹을 이끌고 있는 이나모리 가즈오 회장의 사례 역시 현재에 집중하는 것이 얼마나 큰 결과를 만들어낼 수 있는지를 잘 보여줍니다. 다음은 이나모리 회장의 저서 《카르마 경영》에 나온 내용을 짧게 요약한 것입니다.

이나모리 회장은 일본이 2차 대전에서 패망한 후 정말 먹고 살기 힘든 나머지 야쿠자가 될 생각까지 했다고 합니다. 그러다가 대학 은사의 소개로 망하기 일보 직전의 회사에 들어갔는데, 급여도 제대로 지급되지 않다 보니 동료들이 불평불만을 늘어놓다가 끝내 하나 둘씩 회사를 떠났습니다. 이나모리 회장 역시 회사를 떠나려고 고민하다 문득 이런 생각을 했다고 합니다.

'어차피 이곳을 벗어나도 별 뾰족한 수가 없는 바에 하고 싶은 연구나 실컷 해보자!'

그 후부터 그는 여러 연구성과들을 내기 시작했고, 일의 재미와 삶의 보람을 느끼게 됐다고 합니다. 그 결과 그는 당시 막 보급되기 시작하던 텔레비전 브라운관에 사용되는 파인 세라믹재료를 일본 최초로 합성·개발하는 데 성공할 수 있었습니다. 이나모리 회장은 이때의 기술과 실적을 기반으로 교세라그룹을 일으킬 수 있었다고 술회합니다.

내가 통제할 수 없는 일 때문에 괴로워하는 것은 불필요한 에너지 낭비일 뿐입니다. 지금부터라도 다음과 같은 방법으로 내가 통제할 수 있는 것에 집중하는 습관을 들여야 합니다. 이러한 습관이 내면화되면 지금 하고 있는 일에서 즐거움과 보람을 찾을 수 있습니다.

:: 통제할 수 있는 것에 집중하는 방법

① 눈동자에 가볍게 초점을 잡고 '지금!'이라고 선언한다.
② 정신이 또렷한 상태에서 스스로에게 '이것은 지금 이 순간 통제할 수 있는 일인가 아니면 통제할 수 없는 것인가?'라는 질문을 던진다.
③ 통제할 수 없는 것이라고 판단되면 '상황 인정!'이라고 선언하고 마음속으로 그 상황을 받아들인다. 다만 두려움 때문에 피하려는 것은 아닌지 다시 한 번 생각해본다. 억울한 마음이 클 때는 가볍게 산책을 하며 그 상황을 잊도록 노력한다.
④ 상황을 인정한 후에는 '지금 이 순간 내가 할 수 있는 일이 무엇인가'를 계속 고민한다. 답이 나오면 노트에 적고 그 일에 에너지를 집중한다.
⑤ 잡념이 끼어들 때마다 노트에 적어놓은 내용을 보면서 무엇이 중요한 본질인가를 되새긴다.

2장

성장의 키워드, 창의적 사고와 문제해결 기술

01

어떤 일에서도 통하는 3단계 사고법

"명석 씨, 혹시 이번 주말에 시간 좀 내줄 수 있어요?"

빼어난 미모를 지닌 경영전략팀 동기 서은영 씨의 전화를 받고 왠지 가슴이 설레는 명석 씨.

"예, 당연히 있지요. 그런데 무슨 일로…?"

"아, 제가 다음 주에 '이천공장 환경정화 대책'이라는 주제로 프레젠테이션을 하라는 지시를 받았는데요, 혼자 공장에 가보려니 괜히 무서운 생각이 들어서요. 경영기획팀 정도 씨도 함께 가기로 했으니까 우리 다 같이 가서 일 끝내고 맛있는 저녁 사 먹어요. 제가 쏠게요~."

명석 씨는 데이트 신청이 아니라는 사실에 크게 실망하기는 했지만, 동기와의 의리를 생각해서 흔쾌히 동행을 약속한다.

"실제로 내려와 보니 공장 주변 쓰레기 투척문제가 정말 심각하네요.

아까 올라오면서 들른 가게 주인아주머니도 이천공장에 대한 주민들의 감정이 아주 안 좋다고 하더라고요."

쓰레기 하치장이라고 해도 할 말이 없을 정도로 지저분한 이천공장 주변 환경을 보고 은영 씨가 한숨을 내쉬며 꺼낸 말이다. 명석 씨도 너무나 경악스러운 나머지 흥분해서 한마디를 보탠다.

"아니, 공장 사람들은 관리를 어떻게 하는 거야. CCTV도 안 달려 있고. 은영 씨, 답은 나왔네요. 당장 CCTV 달고 쓰레기 버리는 사람 몇 명 잡아서 경찰에 넘기면 해결될 거라고 보고하세요. 이제 프레젠테이션 자료만 그럴싸하게 꾸미면 만사 오케이네요."

"글쎄요. 정말 그렇게 해결이 될까요? 당장은 잠잠해지겠지만 시간이 지나면 같은 상황이 반복되지 않을까요? 하루종일 CCTV를 쳐다보고 있을 수도 없는 일이고…."

그러자 두 사람의 대화를 조용히 듣고 있던 정도 씨가 조심스럽게 말을 꺼낸다.

"제 생각도 그런 식으로 해결될 문제는 아닌 듯해요. 혹시 공장 담벼락이 너무 지저분하다는 데 원인이 있지 않을까요? 검게 그을린 데다 온통 낙서투성이라 사람들에게 쓰레기를 버려도 괜찮겠다는 생각을 주지 않나 싶어요."

"와, 괜찮은 시점인데요. 그걸 원인으로 해서 쓰레기를 치운 후 담벼락을 깨끗하게 칠하고 예쁜 벽화까지 그려 넣으면 사람들의 생각도 달라질 거라는 대안을 제시하면 딱이겠어요."

점수 좀 따려다 어설픈 의견으로 본전도 못 찾은 명석 씨. 공감을 나누며 좋아하는 두 사람 뒤에서 애꿎은 공장 담벼락만 걷어차고 있을 뿐이다.

멘토의 조언

보고서 작성이 익숙하지 않은 사람들에게 기획을 해보라고 하면 천편일률적인 답안을 가지고 오는 경우가 많습니다. 특히 다음과 같이 특정 현상에 대해 정확한 원인도 파악해보지 않고 바로 대안을 제시하는 함정에 빠지곤 합니다.

(현상) 바퀴벌레가 많다. → (대안) 바퀴벌레 약을 놓는다.

물론 이런 식의 대안으로 문제가 해결되는 경우도 있습니다. 하지만 만약 원인이 다른 데 있다면 이런 대안은 임시방편밖에 되지 않습니다. 그럼 다음 내용을 통해 진정한 기획의 고수는 어떻게 사고하는지 살펴보겠습니다.

(현상) 바퀴벌레가 많다 → (원인) 집의 구석구석이 지저분해서 바퀴벌레가 살기 좋다. → (대안) 바퀴벌레 약을 놓으면서 집안 구석구석을 1주일 단위로 깨끗하게 청소하고 관리한다.

이것이 바로 현상에 대한 정확한 대안을 구하는 '현상-원인-대안의 3단계 사고법'입니다. 과거 뉴욕 시에서도 이러한 사고법을 통해 지하철 범죄율을 감소시킨 사례가 있습니다. 뉴욕에서 지하철은 범죄의 온상이 되는 공간으로 인식돼 왔습니다. 이런 문제에 대해 뉴욕 시에서는 '범죄단속 인력을 증가해야 한다'는 '현상→대안' 식의 사고에서 벗어나 고민한 결과 '낙서로 인한 더러운 환경'이 범죄를 일으키는 '원인'이라는 결론을 얻었습니다. 이러한 원인파악에 따라 뉴욕 시에서는 5년에 걸쳐 지하철 차량의 낙서를 지웠고, 그로부터 3년 후 범죄율이 80%나 급감하는 효과를 얻었다고 합니다. 이를 위에서 설명한 구조에 대입해 보면 다음과 같습니다.

:: 아마추어의 사고

(현상) 지하철 범죄가 많이 발생한다. → (대안) 경찰인력을 늘려서 범죄를 예방하고 강력 처벌한다.

:: 프로의 사고

(현상) 범죄가 많이 발생한다. → (원인) 지하철이 지저분해서 범죄심리를 자극한다. → (대안) 지하철의 낙서를 지우고 청결한 환경을 유지해서 범죄를 예방한다.

이처럼 '현상 → 원인 → 대안'의 3단계 사고구조로 문제를 해결하는 방식을 '근본원인 분석도구(Root Cause Analysis Tool)'라고 합니다. 사례의 명석 씨는 이러한 사고가 습관화돼 있지 않아서 구체적인 원인분석 없이 대안을 제시했다가 망신을 당했던 것이지요. 이 분석도구를 활용하는 방법은 다음 페이지의 그림과 같습니다.

먼저 그림에서 맨 앞 박스 안에는 현재 발견한 현상이나 이슈를 적습니다. 그 다음에는 '그 현상이 왜 발생했는지'를 생각하면서 1차 원인을 적어봅니다. 그리고 그 1차 원인이 진짜 근본원인인지를 재검토한 후 최종적으로 찾아낸 핵심(core)원인을 세 번째 박스에 적습니다. 이러한

:: 근본원인 분석도구 활용방법

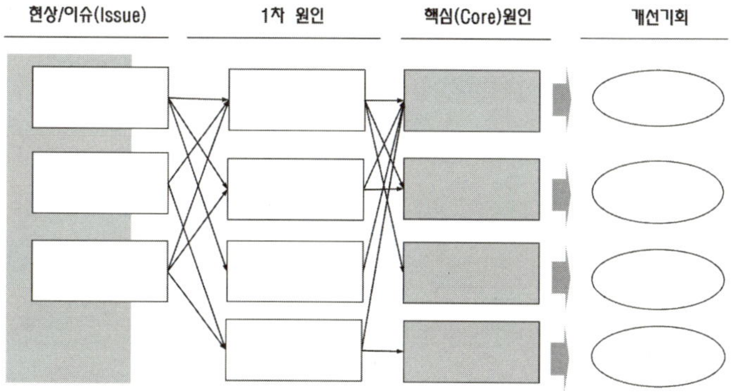

핵심원인을 찾아내야만 개선할 수 있는 기회를 만들 수 있습니다.

다음 그림은 필자가 위의 분석도구를 활용해 과거 한 조직의 웹 서비스에서 시스템 장애가 많이 발생하고, 이로 인해 서비스 출시가 지연된

:: 근본원인 분석도구 활용사례

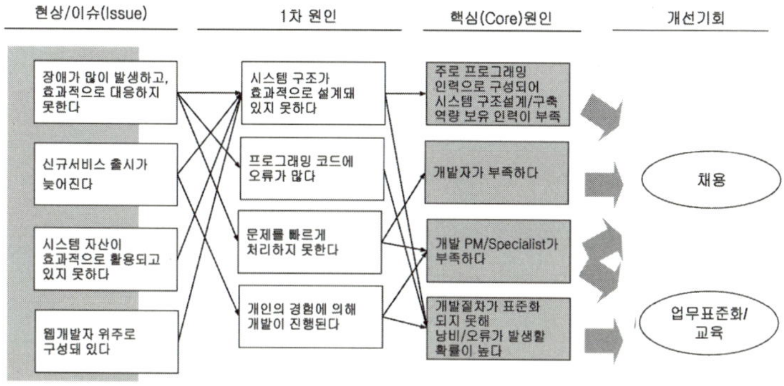

다는 현상을 토대로 그에 대한 원인을 분석하고 대안을 제시해 나타낸 사례입니다. 참고로 해당 조직에서는 이 분석결과를 토대로 핵심인력을 채용하고 조직개편과 교육을 시행함으로써 문제를 해결할 수 있었습니다.

여러분이 어떤 문제나 상황에 부딪쳤을 때 그것을 근본적으로 해결하려면 반드시 이러한 사고법을 습관화해야 합니다. 80:20의 파레토법칙처럼, 이러한 사고법을 통해 20%의 근본원인을 찾아 해결하면 문제의 80% 이상을 해결하는 효과를 얻을 수 있습니다.

02

'왜'라는 질문으로 키우는 문제를 인식하는 힘

명석 씨가 근무하는 영업지원팀은 팀 특성상 하루 종일 전화가 끊이지 않는다. 처음에는 선배들이 없을 때만 간간히 전화를 받던 명석 씨도 이제 제법 전화를 받는 일이 많아졌다. 그렇게 매일 전화업무에 시달리다 명석 씨는 문득 이런 생각이 들었다.

'업무특성상 전화를 많이 받는 건 그렇다 치지만, 문의하는 내용이 대부분이 거기서 거기니… 왠지 똑같은 대답을 하는 앵무새가 된 기분이야. 특히 신제품 홍보 이벤트 건에 대한 문의는 왜 이렇게 많아. 기본적인 내용은 그룹웨어 게시판에 나와 있을 텐데, 확인도 안 해보나?'

그러면서 무심코 그룹웨어 게시판에 들어가 보니 문의전화가 빗발치는 이유를 알 것도 같다. 게시물에는 이벤트에 대한 대략적인 내용만 나와 있고 정작 영업팀 사람들이 궁금해 하는 세부내용은 빠져 있었던 것이다. 명석 씨는 자신이 발견한 사실을 바로 장세한 씨에게 알렸다.

"선배님, 요즘 신제품 홍보 이벤트에 대한 문의전화가 부쩍 늘었는데요, 문의빈도가 많은 것들을 FAQ로 만들어서 그룹웨어에 게시하면 좀 낫지 않을까요?"

"어, 그거 좋은 생각인데. 그럼 내가 고 대리님한테 보고할 테니까, 그동안 명석 씨가 FAQ로 구성할 질문 좀 취합해줄래? 팀장님이 지금 출장 중이시라서 보고하는 데 시간이 걸릴 테니까, 미리 준비해서 바로 진행할 수 있도록 하자고."

다음 날 출장에서 돌아온 박유식 팀장은 관련 사실을 고성대 대리에게서 전해 듣고 바로 실행을 지시했다. 팀장의 지시에 따라 영업지원팀에서는 명석 씨가 정리한 FAQ를 바로 게시판에 올린 후 사내방송을 통해 해당 사항을 전 직원에게 공지했다. 그리고 며칠 후 고 대리의 호출을 받고 달려간 명석 씨.

"명석 씨, 이번에 훌륭했어. 특히 아무도 인식하지 못한 문제를 스스로 발견해서 해결책을 제시하는 걸 보고 명석 씨를 다시 보게 됐어. 덕분에 문의전화가 반 이상 줄었으니 우리 팀 사람들이 명석 씨에게서 시간을 선물 받은 셈이군. 앞으로도 그런 식으로 해주길 바라."

그렇게 고 대리의 칭찬을 받고 자리로 돌아오면서, 왠지 회사에 필요한 사람이 되고 있다는 느낌을 받는 명석 씨다.

멘토의 조언

문제해결 능력은 대부분의 회사에서 요구하는 공통역량입니다. 문제해결은 다음과 같이 간단하게 정의할 수 있습니다.

'원하는 수준과 현재 수준의 차이(Gap)를 인지하고 그것을 개선해나가는 활동'

이 말은 곧 현재 수준에 만족하거나 단순히 기존 방식을 따라 해서는 문제해결은 시작도 할 수 없다는 사실을 의미합니다. 반대로 원하는 수준이 높으면 높을수록 문제해결 수준도 높아지게 됩니다. 물론 이를 위해서는 다양한 정보수집과 경험을 통해 원하는 수준(품질기준선)을 계속해서 높여나가는 노력이 필요합니다. 문제해결 수준을 높이는 요소는 다음과 같이 크게 3가지로 정리할 수 있습니다.

첫째, 가장 핵심적인 요소로 항상 '왜'라는 생각으로 문제를 인지하려고 노력하는 것입니다. 문제 자체를 인지하지 못하면 당연히 문제를 해결할 수 없으므로 항상 '왜'라는 문제의식을 가지고 있어야 합니다. 사례에서 명석 씨가 고성대 대리에게 칭찬받은 이유도 바로 이 때문입니다. 자신이 맡은 일에서 스스로 문제를 발견해서 '왜'라는 질문을 통해 대안을 제시했다는 점을 인정받은 것이지요. 또한 그런 문제제기를 통해 영업지원팀 팀원들의 시간낭비를 줄여주는 효과도 얻을 수 있었습니다. 실제로 일을 하다 보면 문제라고 인식될 만한 사항들이 부지기수로 일어납니다. 따라서 현재 자신이 맡은 업무의 비중과 상관 없이 항상 그 안에서 문제(원하는 수준과의 차이)를 인식하고, 이를 해결해나가는 노력을 기울여야 합니다.

둘째, 절대 포기하지 않겠다는 긍정적이고 낙천적인 자세를 가져야 합니다. 모든 문제에는 여러 변수가 있기 마련이므로 한두 번 찔러본다고 절대 묘수가 나오지 않습니다. 일단은 될 때까지 찔러본다는 긍정적인 생각을 가져야 합니다. 그렇다고 안 되는 방법으로 계속 찔러보는 것도 문제해결 능력이 부족함을 스스로 인정하는 꼴입니다. 될 때까지 찔러봤는데 안 된다면 '발상의 전환'이 필요합니다. 때로는 전혀 상관없는 것들이 엮여서 새로운 대안이 만들어지는 것이 문제해결의 묘미이기도 합니다.

셋째, 그 문제는 내 것이며, 반드시 해결하고 말겠다는 주인의식(Ownership)과 책임감이 있어야 합니다. 문제해결을 시도하다 힘들어지면 은근슬쩍 '~ 때문에', '누구 때문에' 등의 핑계를 대며 책임을 미루는 경우가 많은데, 이래서는 결코 문제해결 능력을 키울 수 없습니다.

지금까지 설명한 요소들을 기반으로 문제해결 능력을 높여나가면 기획력과 보고서 작성능력을 높이는 데도 큰 도움이 됩니다. 기획형 보고의 절반은 특정 이슈나 문제를 해결하는 데 목적이 있기 때문입니다. 결국 어떤 현상을 바라보며 '이것이 가장 올바른 방법인가?'라는 문제의식을 갖는 자세가 훌륭한 기획자가 되는 기본이 된다고 할 수 있습니다.

03

창의적 문제해결의 핵심, 정보+재조합

오후 근무시간이 막 시작될 무렵, 박유식 팀장과 이야기를 나누고 돌아온 고성대 대리가 장세한 씨와 한명석 씨를 불러서 지시사항을 전달한다.

"팀장님께서 이번에 회사에서 개발하고 있는 신제품에 대한 수요예측 보고서를 작성하라고 지시하셨어. 중요한 사항인 만큼 이번에 나하고 두 사람이 협력해서 작성할 계획이니까, 우선 각자 나름대로 관련 시장상황을 조사해보고 이틀 후에 모여서 정리해보자고."

세한 씨는 고 대리의 지시를 받은 후 자리에 돌아와 명석 씨에게 세부 지시를 내렸다.

"시장동향에 대한 상세자료는 고 대리님이 취합하실 테고, 나는 인터넷에서 관련 데이터를 찾아보고 파워포인트 틀을 잡을 테니까, 명석 씨는 사내 도서관에 가서 관련 자료나 책이 있는지 찾아봐주겠어? 필요하면 서점에도 나가보고….”

이틀 후, 회의실에 모인 세 사람 앞에 각자 조사해온 자료가 두툼하게 쌓여 있다. 고 대리는 명석 씨와 세한 씨가 조사한 자료와 자신이 준비한 자료에서 중복되는 부분과 불필요한 부분을 빼내고 분석순서에 따라 재배열한 후 훑어보더니 아쉬운 표정을 짓는다.

“두 사람이 열심히 준비해준 덕분에 자료가 부족하지는 않은데, 왠지 중요한 포인트가 빠진 느낌이야….”

그러자 세한 씨가 조심스럽게 말을 꺼낸다.

“대리님, 사실 저도 미심쩍은 부분이 있어서 산업연구기관에서 연구원으로 일하고 있는 대학 선배에게 물어봤는데요, 현재 우리가 개발 중인 상품에 대한 시장이 블루오션으로 보일지 모르지만, 중국에서도 비슷한 상품을 개발 중이어서 내년에는 본격적인 저가경쟁이 벌어질지 모른다고 하더라고요.”

“그래, 나도 그 부분이 걱정이었어. 역시 가장 생생한 정보는 사람에게서 나오는군. 그럼, 그 내용을 포함해서 세한 씨가 보고서 작성을 맡아줘!”

두 사람의 대화를 듣고 ‘역시 경력은 무시할 수 없군. 역시 나보다 한 수 위야’라는 생각에 빠져 있는 명석 씨에게 고 대리가 조언을 건넨다.

“명석 씨가 수집한 정보도 훌륭했어. 그런데 가장 중요한 정보는 사람의 마음속에 있는 경우가 많아. 물론 그런 정보를 끌어내려면 깊이 있는 질문을 하는 능력이 필요하고. 정보수집의 중요도를 ‘사람-책-인터넷’ 순으로 생각하면 앞으로 도움이 많이 될 거야.”

멘토의 조언

필자가 여러 기업에서 강의를 하다 보면 스스로 아이디어가 부족하다고 이야기하는 사람들을 많이 만납니다. 필자는 이런 사람들이 '아이디어가 잘 떠오르게 하는 비법이 없느냐'고 물으면 일단은 데이터와 정보를 많이 축적하고, 그런 다음 그러한 정보를 바탕으로 해당 주제에 대한 집중적인 고민과 휴식을 반복해야만 아이디어가 잘 떠오른다고 조언합니다.

이것은 필자가 과거 회사의 인사책임자로서 채용 인터뷰를 했을 때도 느꼈던 사실입니다. 당시 필자는 지원자들에게 일반적인 질문 이외에 추론이 필요한 질문도 던지곤 했는데, 학교와 집만 왔다 갔다 하며 스펙 쌓기에 열중했던 사람들은 이런 질문에 말문이 막히곤 합니다. 반면에 취업에 필요한 공부와 함께 다양한 경험(정보)을 쌓은 지원자들은 자신 있게 자신이 생각한 추정치를 추론해내는 모습을 볼 수 있었습니다.

이처럼 좋은 아이디어가 나오려면 기본적으로 그러한 아이디어의 바탕을 이루는 양질의 재료(데이터와 정보)를 많이 확보해야 합니다. 다만 일반적인 생각과는 달리 인터넷을 통해서는 우리가 원하는 양질의 정보를 얻기가 어렵다는 사실에 유의해야 합니다. 그런 정보들은 대부분 공개되지 않고 사람의 기억 속에 머물러 있는 경우가 많기 때문이지요. 따라서 새로운 아이디어나 문제해결에 필요한 정보를 얻기 위해서는 반드시 다양한 전문가들에게 질문을 하는 방식을 적극적으로 활용해야 합니다. 참고로 세계적인 투자자 존 템플턴(John Templeton) 경 역시 사람들에게 깊이 있게 물어보는 방법을 통해 큰 수익을 거두었다고 합니

:: 문제해결의 구조

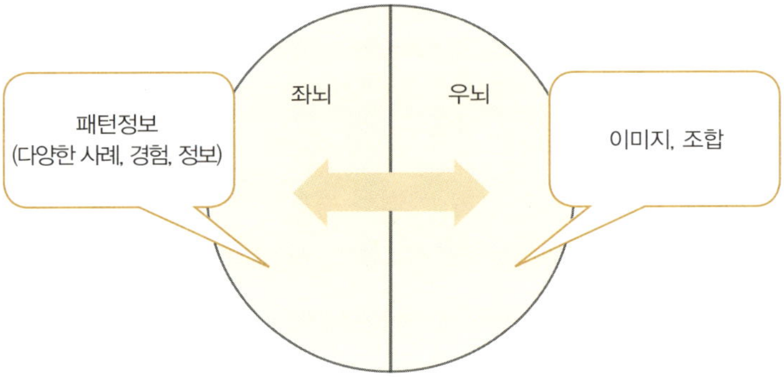

다. 또한《중용》에서도 현명해지기 위해서는 우선 널리 배우고(博學), 다음으로 깊게 물어보는(審問) 것이 우선이라고 이야기하고 있습니다.

《BCG 전략 인사이트》라는 책에서는 위의 그림과 같이 좌뇌에는 패턴정보(다양한 사례, 경험, 정보)가 들어있고, 우뇌에는 이것을 새롭게 재조합하는 능력이 있기 때문에, 결국 이 2가지 요소가 통합돼야 좋은 전략이나 아이디어를 얻을 수 있고 문제해결도 가능하다고 이야기합니다. 즉, 단순히 경험과 지식이 많다는 것만으로는 문제를 해결할 수 없다는 의미지요. 이와 관련한 단편적인 사례를 하나 살펴보겠습니다.

윤석철 교수의《경영학의 진리체계》라는 책을 보면 수에즈운하를 만든 레세프(Ferdinand Marie de Lesseps)에 대한 이야기가 나옵니다. 세기의 대공사인 수에즈운하를 성공시킨 후 레세프는 파나마운하에 도전했다가 엄청난 실패를 맛봅니다. 파나마운하 공사현장은 지형이 수에즈운하 현장보다 험악하고 비가 많이 온다는 사실을 무시한 결과였습니다. 결국 전염병이 돌아 상당수의 공사 인부들이 죽은 후에야 레세프는 철수를 선언하고 맙니다.

이 책에서는 이를 '자기우상화'라고 표현했습니다. 과거에 한번 성공한 사람이 자기능력과 방법론을 우상화함으로써 저지르는 과오를 말합니다. 이 사례를 보면 올바른 문제해결을 위해서는 단순히 경험과 정보를 갖추는 것만으로는 부족하며, 이러한 경험과 정보를 토대로 가장 효과적이고 시의적절한 판단을 할 수 있는 능력을 함께 갖추어야 한다는 사실을 알 수 있습니다. 이를 식으로 만들어보면 다음과 같습니다.

- 올바른 경험·정보 + 올바른 판단 = 문제해결 능력

위의 식을 좀 더 자세히 풀어보면 다음과 같습니다.

- 폭넓고 깊이 있는 지식과 정보수집 + 최적의 조합을 찾아내는 노력 = 문제해결

위 식을 보면 결국 문제해결(답)이란 '과거의 패턴정보와 현재 상황에 가장 적합한 판단이 합쳐진 결과'라고 정의할 수 있습니다. 이러한 정의는 《논어》에 나오는 온고이지신(溫故而知新), 즉 옛것(패턴정보)을 익혀 새로운 것을 안다(창조적 대안산출)는 뜻과도 일치한다고 할 수 있습니다.

이처럼 새로운 창조적인 상품이나 서비스, 정책을 만들고 싶다면 자신의 분야뿐만 아니라 유관분야, 전혀 다른 분야에 대한 다양한 정보를 수집하고 관리하는 노력을 꾸준히 기울여야 합니다. 아울러 이러한 정보를 토대로 깊이 있는 사고를 하고, 그것을 기록하는 습관을 들여야 합니다

04

기획을 잘하기 위한 회의방법

"고 대리, 내일 있을 제품 홍보행사 관련 회의자료 준비 끝났나? 그리고 내일 회의에는 세한 씨와 명석 씨도 참석하도록 하고."

다음날 회의실, 영업지원팀을 중심으로 재무팀, 경영기획팀, 영업팀 사람들이 모인 가운데 고성대 대리가 발제자로 나섰다.

"금번 홍보행사는 시장점유율 확대를 도모하고자 시행하는 것으로, 총 예산은…"

약 15분 정도에 걸친 발제가 마무리되고, 행사와 관련한 각 팀의 협조사항에 대한 의견이 오고가던 중, 재무팀장이 갑자기 이런 질문을 던진다.

"행사취지는 좋은데, 예산을 너무 무리하게 잡은 건 아닌가요? 회사 가용예산을 생각하면 행사규모를 조금 줄일 필요가 있어 보이는데…."

그러자 고 대리가 순간적으로 발끈하고 나섰다.

"팀장님, 이제 와서 행사규모를 어떻게 줄입니까? 시장점유율에 영향을 미치는 중요한 행사인 만큼 재무팀에서 어떻게든 예산을 확보해주셔야죠!"

"그러니까 미리 재무팀에 협조를 구했어야죠. 예산을 무시하고 기획안을 작성하는 경우가 어디 있습니까? 내참…"

그런 식으로 몇 차례 설왕설래가 이어지다 '일단 예산조정이 가능한지 검토한 후 다시 회의를 해보자'는 박유식 팀장의 의견에 따라 그날 회의는 짧게 마무리됐다. 그렇게 다른 팀 사람들이 빠져나간 후 영업지원팀 자체 회의가 곧바로 이어졌다. 먼저 박유식 팀장이 말을 꺼냈다.

"고 대리, 안 그러던 사람이 왜 흥분을 해가지고…. 고 대리가 기획안 만드느라 고생한 건 알지만, 재무팀장님 의견에도 일리가 있어. 흥분 가라앉히고 다시 한 번 기획안을 살펴보자고. 우리가 놓친 게 없는지…."

그 후 10여 분 동안 머리를 맞대고 서류를 검토한 후에 고 대리가 의견을 내놓았다.

"다시 살펴보니 재무팀장님 말씀처럼 회사 가용예산에 비해 행사규모를 너무 크게 잡았다는 생각이 드네요. 도우미 인원을 줄이고 행사장 시설을 재조정하면 예산조정이 가능할 것 같습니다."

"그래, 고민하면 답이 나오잖아. 회의라는 게 결국 나와 다른 생각을 가진 사람들의 의견을 들어보고, 서로의 의견을 조율해가며 해답을 찾는 과정 아니겠어. 그럼 고 대리는 곧바로 기획안 수정작업 들어가고 세한 씨는 각 부서에 협조메일 보내서 내일 회의시간 다시 잡을 수 있도록!"

비록 회의실 한쪽에 조용히 앉아 있었을 뿐이지만, '회의에서는 역지사지와 이심전심이 중요하구나' 하는 사실을 깨달은 명석 씨다.

멘토의 조언

세종대왕은 역사적으로 회의를 통한 경영을 가장 잘 실천한 인물로 꼽힙니다. 세종대왕은 회의를 할 때 늘 의견이 상반되는 관료들을 참여시켜서 끝장토론을 시켰다고 합니다. 그리고 이러한 토론을 거쳐 의견이 좁혀지면 그것을 잘 다듬어서 정책으로 만들어 반포함으로써 큰 성공을 거두었습니다. 박현모 교수가 쓴《세종처럼》에 의하면 세종대왕이 즉위하고 나서 던진 첫마디가 '의논하자'였다고 합니다. 이러한 세종대왕의 사례에는 '한 사람에 의해 왜곡될 수 있는 시각을 다양한 관점에서 검토해봄으로써 최선의 안을 도출해낸다'는 회의의 기본적인 목적이 잘 드러나 있습니다.

하지만 현실에서는 이러한 기본을 무시하고 잘못된 고정관념으로 일을 진행하는 사람이 반드시 있습니다. 예를 들면 상사의 지시에 의해 제품기획을 맡아서 거의 납기까지 혼자서 작업을 진행하고 파워포인트 등으로 문서 꾸미기까지 마무리해서 제시하는 경우가 대표적인 사례입

:: 세종대왕의 회의방식

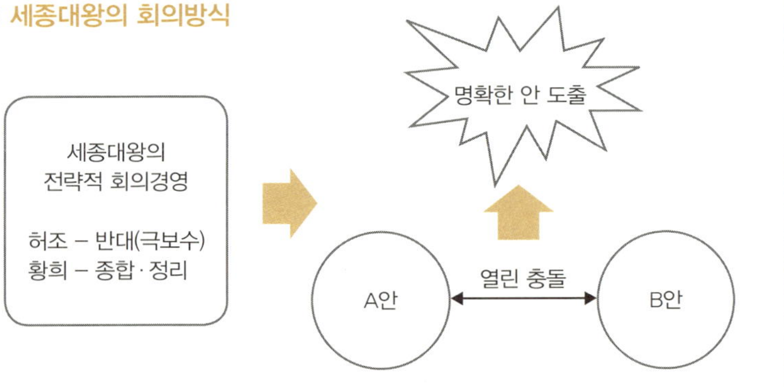

니다. 혼자 생각으로는 그런 식으로 진행해야 기획력을 인정받을 수 있을 것 같겠지만, 기획과정에서 다양한 관점을 반영하지 않을 경우 결코 좋은 결과를 얻을 수 없습니다. 상사 입장에서도 자신의 의견을 반영할 만한 여지가 없으니 답답할 수밖에 없습니다. 결국 이런 사람은 '기획력이 좋은 사람'이 아닌 '소통이 안 되고 고집이 센 사람'이라는 평가를 듣게 될 가능성이 큽니다. 사례의 고성대 대리 역시 자기 입장만 생각하다가 재무팀장과 갈등관계를 만들 뻔했던 것이지요. 반면에 뛰어난 기획자는 여러 자료를 수집하고 고민해서 기초적인 기획의 방향성을 잡은 후 이해관계자들과의 회의를 통해 해당 기획안을 보다 정밀하게 검토하고 보완해서 최종적인 결과보고를 하는 경우가 많습니다. 이런 경우 '협업을 잘하고 소통이 잘 되는 사람'이라는 평가를 듣게 됩니다.

따라서 기획을 잘하기 위해서는 처음부터 완벽한 기획서나 보고서를 만들려고 하기 보다는 먼저 생각나는 대로 관련 이슈들을 정리한 후 상

:: 이슈 토의목록 작성사례

<u>○○○○ 도입방안 관련 이슈검토</u>

기본(안)	주요 이슈 및 보완 필요사항	참조자료(Reference)	의사결정사항

[첨부] 항목별 검토 근거

사나 이해관계자들과의 회의를 통해 기획서나 보고서에 담을 핵심이슈들을 뽑아내는 것이 훨씬 빠르고 효과적입니다. 이때 회의에서 논의할 이슈들을 앞의 그림과 같은 이슈 토의목록에 정리해놓으면 회의를 훨씬 효과적으로 진행할 수 있습니다. 물론 꼭 이러한 형태를 따를 필요는 없고, 이와 유사한 형식의 목록이나 단순히 목차만 나열하는 형식의 목록이라도 괜찮습니다. 특히 단독으로 진행하는 기획이 아닌 여러 사람이 함께 진행하는 기획이라면 반드시 이러한 이슈 토의목록을 통해 핵심이슈들을 뽑아내는 과정을 거쳐야 합니다.

이슈 토의목록을 작성할 때는 다음과 같은 방법을 활용하면 됩니다.

① 우선 자신이 생각하는 기획서(또는 보고서)의 기본적인 방안에 대해 간략하게 적는다.
② 그러한 방안을 실행할 경우 발생할 수 있는 이슈와 추가적으로 보완해야 할 사항에 대해 적는다.
③ 참고자료(reference)는 과거 회사 내·외부에서 해당 방안과 유사하게 진행했던 사례나 타 회사 사례 등을 기술하고 그 시사점을 적는다.
④ 의사결정사항 란에는 의사결정이 필요한 사항을 기술해 회의 때 결정할 수 있도록 한다.

커뮤니케이션 능력과 조정·기획능력이 우수하다는 평가를 받기 위해서는 반드시 지금까지 설명한 방식으로 이해관계자와의 회의 등을 통해 완성된 결과물을 만들어내는 습관을 들여야 합니다. 또한 그러한 회의에서는 설사 상대방이 자신이 생각한 방안에 반대하더라도 이를 자신에 대한 비판이라고 생각하지 말고 열린 마음으로 그러한 의견을 수용·조율함으로써 더욱 확실한 결론을 얻는 것이 무엇보다 중요합니다.

05 전략적 직관력을 키우는 확답형 사고법

그룹웨어 게시판에 인사팀의 공지문이 하나 올라왔다.

'당사 복리후생제도 개선안을 공모하오니, 각 팀에서는 1건 이상의 개선안을 제출해주시면 감사하겠습니다.'

'아니, 그런 건 인사팀이 알아서 해야지, 왜 다른 팀한테 개선안을 제출하라고 하지? 우리 팀에서는 당연히 고 대리님이 하시겠지, 뭐…'

명석 씨가 이런 생각에 빠져 있을 때 박유식 팀장의 목소리가 들려왔다.

"다들 인사팀 공지사항 확인했지? 내 생각엔 우리 팀 막내가 대표로 개선안을 제출했으면 하는데, 할 수 있겠지? 뽑히면 포상금도 있다니까 열심히 해보라고."

"네, 열심히 해보겠습니다."

얼떨결에 이렇게 대답한 명석 씨. 하지만 지금 시행하고 있는 제도도 모르는데 어떻게 개선안을 만들어야 할지 난감할 뿐이다.

'내 담당업무도 아니고, 인터넷하고 책들 좀 뒤져서 자료를 찾은 후에 적당히 꾸며서 제출하면 욕은 안 먹겠지….'

그런 마음으로 여러 자료를 뒤지다 보니 의외로 복리후생제도에 대한 사례들이 많아 어렵지 않게 이틀 만에 개선안을 작성할 수 있었다. 그리고 장세한 씨의 도움을 받아 그 내용을 파워포인트 자료로 멋지게 꾸며 고성대 대리에게 1차 검토를 부탁하고 나니 왠지 뽑힐지도 모르겠다는 기대감마저 드는 명석 씨다. 하지만 다음날 고 대리의 호출을 받은 명석 씨.

"명석 씨, 복리후생제도의 주체와 대상이 누구라고 생각한 거야? 이 사례들을 어디서 베꼈는지 모르겠지만, 이게 지상낙원이지 회사냐고. 이런 제도를 우리 회사에서 정말 도입할 수 있다고 생각해? 누가 봐도 자기 일 아니라고 대충 작성한 티가 팍팍 나잖아!"

"그게 제가 아직 회사제도를 잘 몰라서…. 좋은 게 좋은 거라는 생각으로…."

"이 친구야. 스스로도 납득이 안 되는 개선안을 가지고 어떻게 많은 사람들을 설득할 수 있겠어. 그리고 지금 제도를 모르면 나나 선배들한테 묻거나 인사팀에 문의해볼 수도 있잖아. 이거 다시 확인해서 작성해! 필요하면 노사협의회에 의견도 구해보고!"

그립지도 않은 고 대리의 폭풍 잔소리를 또 다시 듣게 된 명석 씨. 왠지 회사생활이 원점으로 돌아간다는 생각이 들 지경이다.

멘토의 조언

회사생활을 하면서 누구나 어떤 사안에 대해 개선(안), 기획(안)을 만들게 되는데, 이때 보고도 하기 전에 괜히 질책을 받을 것 같은 불안한 생각이 드는 때가 있습니다. 만일 이런 생각이 든다면 그 기획은 겨우 구색을 맞춘 내용, 다시 말해 다른 자료들을 벤치마킹하거나 그러한 자료에 단순히 추가의견을 달아 놓은 수준일 가능성이 큽니다. 이러한 기획이 만들어지는 이유는 대부분 문제의 근본원인을 찾지 못하거나, 그 문제를 해결할 만한 지식이나 기술을 갖추고 있지 못해서입니다. 이런 기획은 상사도 대충 눈치를 채기 때문에 결코 기분 좋은 피드백을 받을 수 없습니다.

이런 식의 기획을 하지 않으려면 확답형 사고를 하는 습관을 들여야 합니다. 그렇다면 확답형 사고란 무엇일까요? 고대 그리스의 철학자 아르키메데스가 욕조의 물이 넘치는 현상을 통해 왕관이 순금인지 구별하는 방법을 알아내고 외쳤다는 '유레카'라는 말을 알고 있을 것입니다. 유레카는 우리말로 '바로 이거야!' 정도의 뜻을 가진 표현입니다. 우리가 문제해결을 할 때도 이러한 사고, 다른 말로 확답형 사고를 활용할 수 있습니다.

컬럼비아대학원의 윌리엄 더건(Willian Duggan) 교수는 저서《제7의 감각》을 통해 이러한 확답형 사고를 '전략적 직관'이라고 표현했습니다. 그리고 인류 역사상 가장 위대한 업적들이 탄생한 순간에 전략적 직관이 빛을 발했다고 이야기합니다. 그 대표적인 사례로 그는 빌 게이츠가 마이크로소프트를 설립했을 때, 피카소가 자기 스타일을 발견했을 때,

인권운동이 마침내 성공했을 때, 구글이 인터넷을 제패했을 때, 나폴레옹이 유럽을 정복했을 때 등을 들고 있습니다. 더건 교수는 전략적 직관을 이렇게 표현하고 있습니다.

'섬광 같은 통찰력은 머릿속의 뿌연 안개를 뚫고 지나가는, 선명하고 반짝거리는 생각이다.'

그는 지금까지 이러한 전략적 직관(확답형 사고)이 인류를 발전시켜 왔으며, 그 대표적인 사례로 '코페르니쿠스의 지동설'을 들었습니다. 그리고 그는 코페르니쿠스가 전혀 새로운 것이 아닌 다음과 같이 기존에 존재한 3가지 것을 새로운 방식으로 엮음으로써 지동설을 발견할 수 있었다고 주장합니다. 첫째 기원전 230년경에 죽은 그리스의 천문학자 아리스타르코스가 처음 주장했던 지구가 태양 주위를 돈다는 아이디어, 둘째 프톨레마이오스시대 이래로 천문학자들이 수집해온 천체관찰 정보, 셋째 눈부시게 발전한 삼각함수가 바로 그것입니다.

한편, 미국의 전설적인 광고기획자 제임스 웹영(James Webb Young)이 쓴《손에 잡히는 IDEA》라는 책을 보면 다음과 같이 확답형 사고를 통해 아이디어를 도출하는 5가지 과정에 대한 설명이 나와 있습니다.

① 현안문제에 관한 자료와 일반적 지식을 체계적으로 풍부하게 수집하고, 수집한 자료들을 충분히 검토하며, 예민한 감각으로 느끼고, 그것들의 관계에 대해 음미한다.
② 이러한 과정을 통해 떠오른 생각들을 빠짐없이 기록하고 말로 표현한다.
③ 그리고 그것들에 대해 완전히 잊는다! 아이디어는 무의식 속에서 숙성되기 때문이다.
④ '유레카!' 하면서 아이디어가 튀어나온다.
⑤ 튀어나온 아이디어를 다른 현명한 사람들의 비평을 받아 더 다듬어 현실로 만든다.

참고로 위의 내용을 보면 창의적인 아이디어를 얻기 위해서는 기본적인 정보를 수집하는 단계를 반드시 거쳐야 한다는 사실을 알 수 있습니다.

지금까지 설명한 내용들을 토대로 확답형 사고를 통해 문제를 해결하는 과정을 단계별로 정리해보면 다음과 같습니다.

(1) 조직 내부에서 과거의 유사사례나 히스토리를 검토한다

관련 문서나 면담 등을 통해 조직 내에서 과거에 유사한 업무를 수행한 사례나 히스토리들을 찾아 검토합니다. 이를 통해 현재 당면한 문제와의 유사점과 차이점을 파악합니다.

(2) 조직 외부에서 유사사례나 히스토리를 검토한다

조직 외부에서 벤치마킹할 만한 유사사례나 히스토리 등도 찾아내서 검토합니다.

(3) 관련 도서 또는 자료를 읽어본다

관련 도서나 자료들을 찾아서 읽고 내용을 음미하는 과정이 필요합니다. 이러한 과정을 통해 잠재의식 속에 문제를 해결할 수 있는 방법들이 숙성되게 됩니다.

(4) 내·외부 전문가와의 미팅을 통해 다양한 관점을 확보한다

조직 내·외부의 전문가나 이해관계자들과의 미팅을 통해 문제에 대한 다양한 관점을 확인해봐야 합니다. 이런 식으로 다양한 관점에서 문제를 바라보게 되면 중요한 포인트를 놓치거나 이해가 부족했던 점을 최소화할 수 있어 당면한 문제의 원인을 좀 더 정확하게 파악할 수 있습니다.

여기까지는 우선 다각도의 정보를 모으는 과정입니다. 앞에서도 언급했듯이 확답을 얻기 위해서는 반드시 위와 같은 방법으로 다양한 정보를 모으는 과정을 우선적으로 거쳐야 합니다.

(5) 조사된 자료를 정리한다

조사된 각종 자료를 정리하고 문서화해보는 과정이 필요합니다. 이러한 과정을 통해 문제를 해결할 수 있는 원인파악과 아이디어를 숙성시킬 수 있습니다.

(6) 집중과 휴식을 반복한다

조사된 자료를 바탕으로 원인과 해결방안을 집중적으로 고민하는 과정이 필요합니다. 다만 한 번의 고민으로 원인과 해결방안이 나오는 경우는 흔치 않기 때문에 집중과 휴식을 반복해줘야 합니다. 이러한 과정을 통해 점차 원인과 해결방안에 대한 확신이 생기게 됩니다. 고민하다가 생각이 복잡해지면 잠시 휴식을 취했다가 다시 고민해보는 과정을 반복하다 보면 어느 순간 뇌리를 스치는 생각이 떠오를 것입니다. 이것이 바로 '유레카', 즉 확답입니다. 이런 식으로 확답은 다양한 방법으로 모은 정보들이 자신도 모르는 사이에 무의식, 즉 잠재의식 속에서 유기적으로 결합되는 과정에서 떠오르게 됩니다.

(7) 내면의 확답(유레카)을 느껴본다

위의 과정들을 거쳐 섬광처럼 떠오르는 아이디어나 답에 대해 자신의 내면에서 확신이 있는지 여부를 계속적으로 물어보는 단계입니다. 이것은 검증이 안 된 답, 즉 가설이라고 할 수 있으므로 스스로 확신이 들 때까지 이 단계를 반복해야 합니다.

(8) 확답을 논의하고 구체화한다

최종적으로 자신의 내면에서 확답이라고 확신이 든 것을 상사나 동료들과의 미팅을 통해 공유하고 그들의 의견을 더해 점차 세밀한 안으로 만들어가는 단계입니다.

뛰어난 기획이나 보고서는 대부분 이러한 단계들을 거쳐 만들어집니다. 특히 정보의 수집 없이는 좋은 대안이나 아이디어가 나오기 어렵다는 사실을 다시 한 번 강조합니다. 한 사람이 짧은 시간에 인류가 수천 년 동안 쌓아 올린 것을 넘어서기는 쉽지 않습니다. 따라서 가장 최신의 정보부터 과거의 정보까지 다양한 패턴을 학습하고 경험하는 것이 매우 중요합니다. 이런 토대를 세워야만 새로운 아이디어를 산출할 수 있습니다.

마음속에서부터 확신할 수 있는 것! 이것이 바로 지금까지 설명한 확답형 사고의 핵심입니다. 어떤 일이든 많은 고민이 필요하지만 마지막 귀결점은 결국 자신이 한 일에 대해 스스로 확신할 수 있어야 한다는 것입니다. 상당수의 기획자들이 이 마지막 관문을 넘지 못하고 불안한 마음으로 상사에게 보고를 하는 경우가 많습니다. 이렇게 일을 하다 보면 역량도 늘지 않고 항상 수동적으로 지시를 받는 위치에 머물 가능성이 큽니다. 이점을 명심해서 항상 스스로 확답이라고 할 수 있을 수준까지 답을 얻고자 노력하는 자세가 필요합니다.

3장

높은 신뢰와 인정을 이끌어내는 업무의 기술

01

생각의 속도를 높이는 시뮬레이션 사고법

월요일 아침, 박유식 팀장이 고성대 대리를 부르더니 지시사항을 전달한다.

"고 대리, 다음 주말에 1박 2일로 팀 단합대회를 갔으면 하는데, 팀원들 의견 모아서 장소를 정해봅시다."

잠시 후 고 대리는 팀원들에게 지시사항을 전달한 후, 각자 고민해보고 다음 날 아침에 회의를 해보자고 제안했다.

다음 날 아침, 회의를 위해 조금 서둘러 출근한 영업지원팀 팀원들이 소회의실에 둘러앉았다.

"자, 각자 고민해온 의견을 이야기해봅시다."

고 대리의 말이 떨어지기 무섭게 몇몇 팀원들이 각자 좋다고 생각하는 장소들을 두서없이 이야기하기 시작했다.

"동해 쪽이 어떨까요. 오랜 만에 바다도 보고 해돋이도 보면 좋지 않을까요?"

"전 보성 쪽이 좋을 거 같아요. 녹차밭에서 함께 산책도 하고 올라오는 길에 전주비빔밥도 먹고요."

이런 식으로 의견이 제각각으로 흩어지자 고 대리가 제지하고 나섰다.

"아주 대한민국에서 좋다는 장소는 모조리 나올 기세고만. 그런데 다들 부서 예산은 생각해보고 이야기하는 거야?"

고 대리 입에서 예산 이야기가 나오자, 서로 자기가 생각한 장소가 좋다고 열을 올리던 팀원들이 순간적으로 침묵을 지켰다. 그런 모습을 보며 고 대리가 어이 없다는 표정을 짓고 있을 때, 명석 씨가 조심스럽게 자기 의견을 밝혔다.

"저기, 대리님. 제 생각에는 예산도 그렇지만 1박 2일이라는 짧은 일정을 감안해보면 가평 정도가 적당하지 않을까 싶은데요. 마침 가평에 제가 아는 분이 운영하는 펜션이 있는데, 거기로 숙소를 잡으면 할인도 받을 수 있어서 예산도 절감할 수 있고요."

"어, 그래? 좋은 생각인데? 막내가 선배들보다 100배는 낫고만. 이 사람들아 생각 좀 하고 살자. 아무리 단합대회라지만 최소한 일정하고 예산 정도는 감안해서 의견을 내야 할 거 아니야!"

고개를 숙이고 고 대리의 잔소리를 듣고 있는 선배들이 자신을 째려보고 있다는 사실을 아는지 모르는지, 상사의 칭찬에 희희낙락하고 있는 명석 씨다.

멘토의 조언

'시뮬레이션 사고'는 회사에서 우수한 인재로 성장하기 위해 반드시 갖추어야 할 핵심역량입니다. 역량 있는 실무자라면 어떤 상황에서든 머릿속에서 시뮬레이션이 돌아가야 합니다. 예를 들어 보고서를 작성했다면 실제 보고 전에 반드시 지적될 만한 요소에 대한 대안과 강·약점 등이 머릿속에서 시뮬레이션이 돼야 합니다. 머릿속으로 잘 안 되면 필기구로 노트에 적어가면서라도 시뮬레이션을 해봐야 합니다. 즉, '실제로 이 보고안이 시행되면 어떤 결과가 나올까?', '이 안 외에 다른 대안은 없을까? 또 그 대안을 활용하면 어떤 결과가 나올까?', '각 안의 장단점은 무엇이며, 내가 추천할 대안이 정말 가장 좋은 안일까?' 등을 미리 생각해야 합니다. 이를 다른 말로 '경우의 수'를 찾아내는 능력이라고도 하며, 이것이 주니어 기획자와 시니어 기획자를 구분하는 기준이 되기도 합니다. 물론 어느 정도는 경력이 쌓여야 한다는 전제가 있기는 하지만, 회사생활 초반부터 이러한 훈련을 하지 않으면 대부분 나중에도 이러한 시뮬레이션 사고가 안 되는 경우가 많습니다.

그럼 다음 두 사람의 대화를 통해 시뮬레이션 사고의 중요성에 대해 살펴보겠습니다.

팀　장 : 본부장님! 우리 팀의 생산성을 획기적으로 향상시킬 수 있는 좋은 방안이 있습니다.
본부장 : 그래! 어떤 방안인가?
팀　장 : ○○회계프로그램을 구입하면 업무생산성이 월등하게 높아질 듯합니다.

본부장 : 그 방안은 예산이 잡혀있지 않아서 도입하기가 쉽지 않겠군. 다른 대안은 없나?
팀 장 : 신규사원을 1명 채용해서 업무를 분담하는 방법이 있습니다.
본부장 : 2가지 방안 중 어떤 것이 더 효과적인가?
팀 장 : 아직 명확히 분석을 해보지 못했습니다. 다시 분석해서 보고 드리겠습니다.

위의 대화에서 팀장이 좋은 의견을 내놓고도 결론을 못 낸 이유는 무엇일까요? 첫째 자신이 무엇을 원하는지 명확하지 않고, 둘째 주변 환경에 대한 파악과 그러한 환경에 따른 전략이 없기 때문입니다. 특히 본부장이 다른 대안을 요구할 수도 있다는 사실을 인지하지 못한 탓이 큽니다. 본부장 입장에서도 팀장이 제시한 방안을 실행하려면 예산담당 임원에게 아쉬운 소리를 해야 하는데, 이유가 명확하지 않으니 답답했을 것입니다. 만일 팀장이 본부장의 입장과 그에 따른 전략을 미리 시뮬레이션해봤다면 대화가 다음과 같이 전개됐을 것입니다.

본부장 : 그 방안은 예산이 잡혀있지 않아서 도입하기가 쉽지 않겠군. 다른 대안은 없나?
팀 장 : 신규직원을 채용하는 방법이 있지만, ○○회계프로그램을 구입하는 방안이 연간 2,000만 원 정도의 비용이 절감되고 생산성도 더 좋은 것으로 판단됩니다.
본부장 : 그렇군. 알았네. 지금 말한 사항을 간단히 정리해주면 내가 예산담당 임원에게 요청해보겠네.

앞선 대화와 위의 대화를 비교해보면 크게 2가지 차이를 발견할 수 있습니다. 첫째, 새로운 회계프로그램을 도입해 생산성을 향상시키겠다는 목표가 앞의 대화보다 훨씬 분명해졌습니다. 둘째, 후자의 경우 상대방(본부장)의 입장과 상황에 대한 파악, 대안에 대한 전략이 분명해졌습니다. 즉, 예산담당 임원에게 어려운 요청을 해야 하는 본부장의 입장을 고려해 비용 대비 효과를 분명히 밝혔고, 다른 대안과 비교해 최적의 대안임을 밝히고 있습니다.

회사에서는 이와 유사한 상황들이 수시로 일어날 수 있습니다. 예를 들면 이런 식입니다.

"팀장님 이런 방식으로 진행하면 좋을 것 같습니다."

"근거가 뭐야?"

"근거까지는 아직…. 그냥 좋을 것 같다는 생각이 들었습니다."

"근거를 고민해서 다시 이야기하게."

또 이런 상황도 많이 발생하곤 합니다.

"팀장님 이런 방식으로 일을 처리했습니다."

"왜 그런 방식으로 진행했나? 바꿔볼 생각은 못 해봤나?"

"네? 예전부터 그래왔기 때문에 특별한 문제가 없다고 생각해서…."

"흠, 좀 생각하면서 일을 해주게."

여러분이 이러한 상황에서 현명하게 대처하려면 항상 머릿속에서 여러 가지 변수들을 시뮬레이션해보는 노력을 기울여야 합니다. 즉, '이건 왜 이렇게 하는 거지?', '이렇게 하는 논리적 근거는 무엇일까?'라는 2가지 질문을 항상 생각하면서 일하는 습관을 들여야 한다는 것이지요. 보통 바둑이나 장기에서 몇 수 앞을 내다본다는 표현을 하는데, 이처럼 다른 사람보다 몇 수 앞을 내다보고 일을 하는 사람들은 대부분 시뮬레이션 사고가 몸에 배어있는 경우가 많습니다. 끝으로 시뮬레이션 사고를 잘하기 위한 방법들을 정리해보면 다음과 같습니다.

- 상사나 다른 동료와 대화하고 회의하는 장면을 머릿속에 떠올려보고, 상사나 동료가 어떤 말을 할지 어떤 반응을 보일지를 미리 예측해본다.
- 그럴 때 나는 어떤 대안들을 제시할 것이며, 그 대안들 각각의 장단점은 무엇인지 미리 파악해놓는다.
- 대화나 회의 중에 갑자기 발생할 수 있는 위험요인 등이 없는지 예상해보고, 만일 있다면 그러한 위험요인에 대한 대안을 미리 생각해놓는다.
- 대화나 회의에서 논의할 사안에 대해 말문이 막히지 않도록 왜(Why)와 어떻게(How)를 구체적으로 생각해본다.

02 일의 완성도를 높이는 힘, 1%의 기획과 99%의 꼼꼼함

구내식당에서 점심식사를 마친 명석 씨. 오랜 만에 좋아하는 제육볶음이 나와서 과식을 한 탓에 영 소화가 안 되는 모양이다.

'잠깐 옥상에 올라가서 소화 좀 시키고 와야겠다.'

그런 생각으로 옥상에 올라간 명석 씨 눈에 동기 이정도 씨와 서은영 씨가 함께 서있는 모습이 보였다. 그런데 자세히 보니 마치 정도 씨가 은영 씨를 뒤에서 안고 있는 듯했다.

'헉, 은영 씨와 정도가 사내 연애를?'

명석 씨는 괜히 아는 척 하기도 민망해서 일단 사무실로 내려오기는 했지만, 도저히 궁금함을 참을 수가 없어 결국 정도 씨를 찾아가 이실직고를 하라며 따져 물었다.

"에이, 그런 거 아냐. 나도 우연히 올라갔다가 은영 씨가 부서 대리님한테 심한 잔소리를 듣고 울고 있기에 달래준 것뿐이야."

"정말? 우리 동기 중에 제일 인정받는 은영 씨가 무슨 실수를…?"

"은영 씨가 팀장님이 임원회의에 갖고 들어갈 회의자료를 정리해서 드렸는데, 그 중 1페이지가 누락됐나봐. 다행히 회의 전에 발견하기는 했는데, 팀장님이 화가 나서 대리님을 질책하고 대리님은 또 은영 씨를 깨고… 뭐, 그렇게 된 거지."

명석 씨는 '뭐, 별 일도 아닌 걸 가지고 그리 심하게 질책을 했을까' 하는 생각으로 사무실에 들어왔는데, 장세한 씨가 말을 걸어온다.

"경영기획팀에는 무슨 일로 갔다 왔어?"

숨길 일도 아니라는 생각에 명석 씨가 정도 씨한테 들은 이야기를 그대로 전하자, 세한 씨가 이런 조언을 해준다.

"1년 차 사원 중 최고라는 은영 씨가 방심을 했나 보네. 그런 실수는 대부분 일이 익숙해졌다고 생각될 때 생기곤 하지. 상사에게 제출하는 서류는 순서가 맞는지, 빠진 내용은 없는지 확인하는 게 기본이거든. 명석 씨도 명심해. 아무리 일을 잘하더라도 사소한 실수 하나로 애써 쌓은 신뢰를 잃을 수도 있다고."

내심 은영 씨의 일이 '작은 실수일 뿐'이라고 생각했다가 선배의 조언에 가슴이 뜨끔해지는 명석 씨다.

멘토의 조언

군대에서는 '1%의 지시와 99%의 확인감독'이라는 말을 많이 씁니다. 전시에는 1%의 허점이라도 상대에게 역전 당할 빌미를 주기 때문에 '99%의 확인감독'을 중요시해야 한다는 의미입니다. 이렇게 빈틈이 생기는 마음상태를 일반적으로는 '방심(放心)'이라고 표현합니다. 한마디로 '정신을 차리지 못한다'는 뜻이지요. 역사적으로도 작은 방심이 전쟁이나 경쟁에서 승부를 가른 사례가 많습니다.《삼국지》에 나오는 '적벽대전'에서 조조가 유비와 손권의 연합군에게 무너진 경우나 원소의 10만 대군이 조조의 병사 1만 명에게 패배한 경우가 대표적이지요. 창업자들도 이런 실수를 곧잘 합니다. 너무 큰 그림만 보고 외부 네트워크만 챙기다가, 정작 중요한 내부 제품관리나 직원관리를 소홀히 하는 바람에 결국 사업이 실패로 돌아가는 일이 상당히 많이 발생합니다.

이런 실수는 업무에서도 많이 발생하는데, 필자가 겪은 사례 하나를 소개하겠습니다. 필자는 예전 회사에서 교육업무를 담당했었기 때문에 구성원들을 모아놓고 교육 관련 행사를 진행하는 경우가 많았습니다. 업무 초창기, 필자는 교육 전날 나름 완벽하게 교육자료를 준비해놓고 '이 정도면 됐겠지'라는 생각으로 퇴근을 했습니다. 그런데 다음 날 빔 프로젝트를 설치하는데 화면이 전혀 나오지 않았습니다. 빔 프로젝트와 노트북이 서로 호환이 안 된다는 점을 생각하지 못한 탓이었습니다. 땀을 뻘뻘 흘리면 겨우 조치를 취하기는 했지만, 만일 사내 교육이 아닌 외부 인사를 초대하는 대규모 행사였다면 아주 사소한 방심이 대형사고를 초래할 뻔한 아찔한 순간이었습니다.

이후 필자는 후배들이 업무를 진행하는 중에 이러한 허점을 보일때면 엄청나게 혼을 내곤 했습니다. 지금의 방심을 잊지 말고 더 큰 실수를 하기 전에 스스로 경계하기를 바라는 마음에서 일부러 더 크게 혼을

냈던 것이지요. 물론 방심하지 않고 일을 진행하는 가장 좋은 방법은 자기 스스로를 냉정하게 확인감독하는 것입니다. 만일 그럴 자신이 없다면 상사나 동료에게라도 확인감독을 부탁함으로써 실수를 줄이고 업무의 치밀함을 높여나갈 수 있도록 노력해야 합니다.

참고로 필자가 예전에 근무했던 SK그룹에서는 이러한 과정을 'Lead, Help, Check'라고 표현했습니다. 어떤 일을 리드하고, 지원하고, 점검하라는 뜻으로, 의미상 지금까지 설명한 내용과 크게 다르지 않습니다. 또한《디테일의 힘》의 저자 왕중추는 수학에서는 '100 - 1 = 99'가 정답이지만 비즈니스 현장에서는 '100 - 1 = 0'이 될 수 있다고 이야기합니다. 이 말 역시 비즈니스 현장에서는 단 한 번의 방심이 큰일을 무너뜨리는 결과를 초래할 수 있다는 의미입니다.

어떤 일에서든 방심은 치명적입니다. 숨막히는 승부가 벌어지는 스포츠경기에서는 결국 실수를 안 하는 쪽이 승리하기 마련입니다. 이 세상에는 쉬운 일도 쉬운 상대도 없습니다. 끝까지 방심하지 말고 최선을 다해야만 최고가 될 수 있습니다.

03

정직함으로 신뢰를 쌓는 방법

업무협조 요청을 위해 장세한 씨와 함께 영업팀에 와있던 명석 씨 귀에 영업팀 팀장의 고성이 들려왔다.

“아니 거래처 납품계약이 깨진 사실을 이제야 이야기하면 어쩌자는 거야!”

“저도 우리 회사와 당연히 계약할 줄 알았는데 경쟁사 쪽에서 상무까지 뛰어들어서 적극적으로 회유하는 바람에….”

“이제 핑계까지 대나. 이런 식으로 할 거면 다 때려 치워!”

갑작스러운 소란에 괜히 주눅이 든 명석 씨. 담당자와 얘기를 마치고 일어서는 세한 씨를 따라 부리나케 영업팀을 빠져나온다.

“와, 영업팀장님 보통이 아니시네요. 거래처 뺏긴 거 때문에 화가 많이 나셨나봐요. 저 대리님 저러다 짤리는 거 아니예요?”

"하하, 거래처 하나 놓쳤다고 짤리면 어느 회사원이 버틸 수 있겠어. 내 생각엔 거래처 뺏긴 거보다는 사전에 그럼 낌새가 보였음에도 보고를 하지 않은 데다, 잘못을 인정하지 않고 핑계를 대는 모습에 더 화가 나신 것 같아."

"네?"

"영업은 실적으로 평가받는 거잖아. 그러다 보니 거래처 동향이 미심쩍은 걸 알면서도 혹시나 하는 생각에 보고를 차일피일 미룬 거지. 영업팀장님이 화가 나서 그만 두라는 말씀을 하시기는 했지만, 정말 그러겠다는 게 아니라 앞으로 그러지 말라는 강한 경고인 셈이지. 명석 씨도 나중에 알게 되겠지만 이런 일은 영업팀에서 수시로 벌어져."

선배의 조언에 '완전범죄는 없으니 정직이 최선이라는 의미구나' 하는 생각이 드는 명석 씨다.

멘토의 조언

학생시절에는 학년이 바뀔 때마다 '무서운 선생님이 담임이 되면 어떻게 하지…' 하는 고민이 생기곤 했습니다. 그런데 재미있는 사실은 직장에서도 똑같은 고민을 하게 된다는 것입니다. '팀장님이 너무 FM이면 어떻게 하지', '직속선배가 성격이 불 같으면 어떻게 하지' 하고 말이지요. 이런 사람들에게는 '엄한 선배나 상사를 만나더라도 너무 긴장하거나 힘들어하지 말라'는 조언을 하고 싶습니다. 이런 상사들이 엄하게 구는 이유나 목적은 여러 가지일 것입니다. 자기 욕심이나 성격을 못

이겨서 그럴 수도 있습니다. 하지만 이런 경우에는 너무 깊게 고민하지 말고, 그저 '부하직원을 아껴서' 그런다고 생각하십시오. 여러분이 집중해야 하는 것은 상사들의 성격이 아니라, 그들을 통해 무엇을 배울 것인가에 있기 때문입니다. 혹여 일을 하다가 욕을 먹더라도 자신의 잘못을 확실하게 인정하고 다시 웃으면서 다가가서 하나라도 더 배워야 합니다. 깨질 때 깨지더라도 말이지요. 그렇게 끝없이 도전하는 사람을 싫어하는 선배나 상사는 없습니다.

특히 일을 하다 실수를 해서 질책을 들었을 때 어떻게 생각하느냐가 매우 중요합니다. 사람은 누구나 실수를 합니다. 하지만 이럴 때 사람마다 크게 2가지 다른 반응을 보입니다. '어떻게 하면 이 자리를 모면할까'라는 생각과 '아, 내가 생각이 깊지 못했구나'라는 생각입니다. 전자처럼 생각하는 사람들에게는 질책 받는 자리가 너무 힘들고 머릿속에 딴생각이 가득합니다. 이런 사람에게는 질책으로 인한 내면의 변화가 전혀 생기지 않습니다. 한마디로 실수를 통해 약점을 개선할 기회를 놓쳐버리는 것입니다. 이런 유형의 사람들은 대부분 회사생활이 오래 돼도 그냥 생각 없이 시킨 대로 일하고, 자신이 실수를 해도 상사나 동료, 회사의 환경 탓으로 돌려버리는 습성을 갖게 됩니다.

그럼 질책을 받았을 때 '아, 내가 생각이 깊지 못했구나'라고 생각하는 사람은 어떨까요? 이런 사람은 월급을 얼마 받느냐와 관계없이 모든 일을 자신의 일처럼 주인의식을 갖고 합니다. 설사 자신의 실수가 환경의 영향 때문이었다 하더라도 상사의 질책을 순수하게 받아들입니다. 환경의 영향을 미처 생각하지 못한 원인도 결국 자신의 노력 부족에 있었다고 생각하기 때문이지요. 이런 사람은 상사의 질책을 내면에 깊이 각인하기 때문에 결코 똑같은 실수를 반복하지 않습니다. 한마디로 이런 사람은 자신의 실수를 미래 성장을 위한 기회로 만드는 유형으로 볼 수 있습니다.

여러분은 어떻습니까? 물론 사람이니까 질책을 받거나 욕을 먹으면 열도 받고 자신의 무능을 탓하기도 합니다. 하지만 이렇게 생각해볼 수도 있을 것입니다. 우리는 회사와 계약을 맺고 일을 하고 있습니다. 우리 개개인이 이미 하나의 회사인 셈입니다. 만일 여러분이 사업을 하는데 고객이 질책을 했다고 바로 반박을 하겠습니까? 아마도 대부분 일단은 참고 고객의 의견을 경청할 것입니다. 회사에서도 마찬가지입니다. 우리는 모두 각자의 인생을 건 사업을 하고 있다고 생각하고 상사의 질책을 경청하고 마음속에 각인해야 합니다.

질책 받는 대상은 내 인격이 아닙니다. 아직까지 내가 갖추지 못한 시스템이 질책 받을 뿐입니다. 따라서 상사의 질책은 내가 더욱 강해지도록 담금질할 기회라고 생각해야 합니다. 물론 간혹 소시오패스 같은 성격을 가진 상사가 사사건건 딴지를 거는 경우도 있을 수 있습니다. 하지만 그런 경우일수록 더욱 정신을 바짝 차려서 약점이나 틈을 안 보이도록 노력해야 합니다.

사람은 실수를 하면 대부분 그 실수를 무마하려는 경향이 있습니다. '~ 때문이다', '별 문제 아닌 데 왜 그러시는지 모르겠다' 등의 핑계를 대며서 말이지요. 하지만 이처럼 자신의 실수에 관대해지는 순간 정신력은 약해집니다. 자신의 일과 세상을 올바로 인식하지 못하는 것을 '인식의 오류'라고 하는데, 이러한 오류를 겪게 되면 일과 삶이 꼬이기 시작합니다. '나는 다 올바른데 왜 나에게 이러는 거야?'라는 생각이 머릿속에 가득 차게 되는 것이지요.

물론 때로는 억울할 수도 있습니다. 하지만 100% 남이나 환경의 탓일 수는 없습니다. 반드시 돌아볼 부분이 있기 마련입니다. 여러분이 성장하고 싶다면 98%의 환경 탓을 하기 보다는 자신이 개선해야 할 2%에 집중해야 합니다. 그것이 성장의 거름이 되기 때문입니다. 스티븐 코비 박사가《성공하는 사람들의 7가지 습관》을 통해 말했듯이, 여러분이 통제할 수 없는 환경은 무시하고 여러분이 통제할 수 있는 '영향력의 원'을 넓혀나가는 노력을 해야 합니다.

또 하나, 실수를 했다면 그것을 당당히 인정해야 합니다. 여러분이 실수를 덮으려 한다고 상사나 선배들이 모를 리가 없습니다. 그들도 여러분과 똑같은 경험을 하고 그 자리에 올랐을 테니 말입니다. 이런 점에서 앞 사례의 영업팀 대리는 연달아 2가지 실수를 했다고 볼 수 있습니다. 첫째는 어설픈 자기 판단으로 거래처 동향에 대한 보고시기를 놓쳤다는 것이고, 둘째는 자신의 실수를 인정하지 않고 핑계 찾기에 급급해 했다는 점이지요. 그 순간을 모면하려고 하지 말고 당당하게 "죄송합니다. 미처 확인하지 못한 제 실수입니다" 하고 말하고 처분을 따라야 합니다. 이것이 가장 현명한 대처방식입니다. 대부분의 회사에서 '신의와 성실'을 핵심인재상으로 내세우는 이유도 조직원들로부터 이러한 모습을 바라기 때문입니다. 회사에서 성장하기 위해서는 공자의 말처럼 '아는 것을 안다고 하고, 모르는 것을 모른다고 하는 것이 진정 아는 것'임을 항상 명심해야 합니다.

04

업무자율성을 확보하는 능동형 보고법

고성대 대리의 지시에 따라 상반기 고객만족도 조사결과를 정리하던 명석 씨. 정리를 마무리한 후 고객평점 결과를 확인해보더니 고개를 갸웃거린다.

'거참, 작년이나 올해나 평점결과에 차이가 거의 없네. 평가항목이 너무 단순해서 결국 고객평점이 비슷해지는 건 아닐까?'

이런 사실을 알려야 하나 하고 고민하는 명석 씨. 괜히 고 대리에게 말을 꺼냈다가 '네 일도 제대로 못하면서 쓸데없는 일에 신경 쓴다'는 잔소리나 듣지 않을까 걱정이다. 그래도 그냥 넘어가기에는 찜찜한 생각이 들어 용기를 내서 고 대리에게 보고하기로 결심한다.

"저, 고 대리님. 지시하신 대로 고객만족도 조사결과를 정리해봤는데요, 조사결과를 보니 지금과 같은 평가항목으로는 의미 있는 결과를 얻지 못하겠다는 생각이 듭니다. 고객 입장에서 우리 제품에 대한 보다 정확한 의견을 줄 수 있도록 평가항목을 좀 더 구체적이고 세부적으로 구성해야 하지 않을까요? 그래야 우리 회사 제품을 개선하는 데도 실질적인 도움이 될 거 같고요."

"그래? 그럼 정리한 결과 좀 출력해주겠어? 내가 한 번 검토해보고 얘기해줄게."

잠시 후, 명석 씨가 출력해준 자료를 검토해본 고 대리가 명석 씨를 찾는다.

"내가 오늘은 명석 씨에게 2가지 특급칭찬을 해줄게. 하나는 지시한 일에서 스스로 문제를 발견해서 개선할 필요를 느꼈다는 거고, 또 하나는 용기 있게 그것을 제안했다는 거야. 내 생각에도 명석 씨의 의견대로 개선할 필요가 있어 보여."

"감사합니다. 앞으로도 열심히 하겠습니다."

"앞으로 열심히 하는 건 당연한 거고, 일단 제안한 일을 끝까지 책임지는 자세부터 보여야겠지? 일단 관련 책들이나 자료를 조사해보고 필요하면 영업팀 사람들 의견도 들어본 다음 평가항목 변경기준을 정해서 내일 오전 중에 이야기해보자고!"

고 대리의 지시에 '괜히 사서 고생이구나' 하고 생각하면서도, 한편으로 '이런 게 일할 맛 난다는 거구나' 하는 생각이 드는 명석 씨다.

멘토의 조언

스티븐 코비 박사의《성공하는 사람들의 7가지 습관》을 보면 '예방적 활동'에 대한 개념이 나와 있습니다. 이것은 급하고 중요한 일만 하다 보면 매일 급하고 바빠지는 반면, 급하지는 않지만 중요한 활동을 미리 많이 해놓으면 점차 급한 일이 줄어든다는 의미를 담고 있습니다. 회사에서 이루어지는 '능동형 보고'가 바로 이러한 개념이 적용되는 활동이라고 할 수 있습니다. 사례에서 명석 씨가 고성대 대리에게 특급칭찬을 받은 이유도 능동형 보고를 잘 했기 때문이지요.

'수동형 보고'는 회사에서 상사가 지시를 하면 그 지시대로 보고서를 만들고 일을 효과적으로 처리해서 보고하는 방식을 말합니다. 이에 반해 '능동형 보고'란 상사의 지시가 있기 전에 문제를 미리 인지하고 효과적인 대안을 제시하는 방식을 말합니다. 이러한 능동형 보고를 하게 되면 상사가 점차 권한위임형 관리방식을 적용하기 때문에 업무의 자율성을 확보하는 데 크게 도움이 됩니다. 이와 관련해 필자가 알고 있는 사례 하나를 들어보겠습니다.

국내 모 기업의 A 사원은 어느 날 조직문화 측정활동이 회사에 도움이 될 것이라는 생각이 들었습니다. 그는 바로 그러한 측정활동이 원활히 이루어지고 있는 회사의 담당자를 만나 정보를 수집한 후, 상사에게 이메일로 그 담당자를 직접 초빙해서 강의를 들으면 어떻겠냐는 취지의 보고를 했습니다. 이메일로 보고를 받은 상사는 A 사원의 의견을 받아들여 강의가 성사됐고, 이 강의를 통해 조직원들에게 조직문화 측정활동에 대한 긍정적인 이미지를 심어줄 수 있었습니다. 덕분에 그 회사에도 해당 활동이 즉시 도입됨으로써 회사에 많은 긍정적인 변화를 만들 수 있었습니다.

이 사례를 보면 한 사람의 능동형 보고가 조직에 큰 변화를 만들 수도 있다는 사실을 알 수 있습니다. 만일 매일 떨어지는 지시를 처리하기도 바쁜데 어떻게 예방적 차원의 능동형 보고까지 고민하느냐고 하는 사람이 있다면, 다음 표와 같은 스티븐 코비 박사의 '일 유형의 4분면' 개념이 능동형 보고의 중요성을 이해하는 데 도움을 줄 것입니다.

표를 보면 '긴급함 VS. 긴급하지 않음', '중요함 VS. 중요하지 않음'을 기준으로 일의 기준이 각각 Ⅰ분면, Ⅱ분면, Ⅲ분면, Ⅳ분면이라는 4가지 유형으로 구분돼 있습니다. 코비 박사는 매일 '바쁘다'고 하소연하는 사람들은 대부분 'Ⅰ분면'과 'Ⅲ분면'에 해당하는 일에만 집중한다고 이야기합니다. 이런 사람들은 회사에서 크게 문제를 일으키지는 않지만, 대부분 연말 인사평가 때 특별히 기록할 만한 일을 만들지도 못합니다. 반면에 코비 박사는 남보다 빠르게 성장하는 사람들은 'Ⅱ분면', 즉 긴급하지는 않지만 중요한 일에 집중하는 경향이 강하다고 이야기합니

:: 일 유형의 4분면

구분	긴급함	긴급하지 않음
중요함	Ⅰ분면 : 위기, 급박한 문제, 한시적 프로젝트	Ⅱ분면 : 예방·생산능력 활동, 인간관계, 새로운 기회, 중장기계획
중요하지 않음	Ⅲ분면 : 잠깐의 급한 질문, 일부 전화와 우편물, 일부 회의, 급박한 상황, 인기 있는 활동	Ⅳ분면 : 바쁜 일, 하찮은 일, 일부 우편물과 전화, 시간낭비거리, 즐거운 활동, 오락

다. 다른 사람보다 약간의 시간을 더 투자해 회사에 큰 변화를 가져오는 활동을 함으로써 더 높은 평가를 받기 때문이지요.

물론 일과 삶의 균형은 중요합니다. 사람이 일에만 매달려 살 수는 없겠지요. 하지만 회사생활 초기에는 남들보다 딱 5%의 시간만 더 투자해서 Ⅱ분면의 예방적 활동에 노력을 기울여야 합니다. 그렇게 하지 않으면 매일 일이 밀린다는 느낌을 받게 되고, 결국 좋은 성과를 얻지 못할 때가 많습니다. 필자가 인사팀장으로 근무할 때도 이 5%의 노력이 부족해서 좋은 인재가 성장이 정체되는 사례를 많이 봤습니다. 장담컨대, 지금 투자하는 5%의 시간이 여러분이 하는 일의 결과를 100% 바꿔놓을 것입니다.

05

높은 성과를 보장하는 SMARTS 원칙

출근 후 막 컴퓨터를 켜려는 명석 씨를 고성대 대리가 찾는다.

'어, 무슨 일이지? 내가 또 뭘 잘못 했나?'

요즘에는 일이 많이 익어서 잔소리를 들을 일이 많지는 않지만, 그래도 여전히 고성대 대리의 호출에는 불안감부터 생기는 명석 씨다.

"명석 씨도 슬슬 내년 목표를 세워봐야지? 명석 씨는 올해 입사 첫 해라 해당이 안 됐지만, 우리 팀은 항상 연초에 자기 목표를 세워서 팀장님께 승인받고 있어. 연초에 양식에 맞춰 다시 작성하기는 하겠지만, 일단 명석 씨 나름대로 작성해서 나한테 가져와봐."

지시를 받고 자리로 돌아온 명석 씨는 머릿속이 새하얘질 뿐이다.

'학교 다닐 때 만들었던 생활계획표 말고는 이런 걸 만들어본 적이 없는데, 어쩌면 좋을지…. 뭐, 일단 이런저런 목표를 적어가면 조정해주시겠지.'

이런 생각으로 명석 씨는 머릿속에 떠오른 목표들을 A4지 1페이지에 가득 채워나갔다. 그런데 그 모습을 지켜보던 장세한 씨가 말을 건넨다.

"이 친구 또 고 대리님한테 폭풍 잔소리를 들을 일을 하고 있네. 무슨 수로 그 많은 목표를 내년 한 해 동안 달성하려고 그래?"

"그럼 어떡해요. 고 대리님이 시킨 일인데 안 할 수도 없고…."

그렇게 볼멘소리를 하는 명석 씨가 안쓰러웠는지 세한 씨가 살짝 조언을 해준다.

"이게 별 일 아닌 것 같아도 나중에 인사평가에 다 반영되는 거니까 쉽게 생각하면 안 돼. 내가 명석 씨한테 특별히 목표를 세우는 2가지 핵심비법을 알려줄게. 우선 목표는 1~3개 미만으로 세워야 하고, 그 이상의 목표를 세우더라도 가중치는 그 1~3개 목표에 80% 이상 둬야 해. 이렇게 명석 씨처럼 목표를 10개 이상 세우면 집중력이 떨어져서 결국 포기할 가능성이 커진다고."

그러면서 세한 씨는 자신이 2,3년 차 때 작성한 목표기술서를 건넸다. 감사한 마음으로 그 기술서를 받아들고 찬찬히 살피던 명석 씨. 이제야 조금씩 목표를 어떻게 세워야 하는지가 감이 오기 시작한다.

멘토의 조언

회사생활을 하면서 당황스러운 때 중 하나가 한 해 동안 정말 열심히 일한 것 같은데 막상 연말에 자기평가서를 채울 내용이 마땅히 생각나지 않을 경우입니다. 이러한 당황스러움을 겪고 싶지 않다면 연초에 전략적으로 목표를 잘 세워서 실행해야 합니다. 이때 중요한 점은 사례에서 장세한 씨가 조언한 대로 핵심목표는 3개 이내로 잡고, 그 목표들이 일의 80% 비중을 차지하도록 해야 한다는 것입니다. 이 이상의 목표를 잡으면 집중력이 떨어져서 단 하나의 목표도 제대로 달성하지 못할 수 있습니다. 이렇게 세운 목표는 상사(주로 상위 직책자)의 승인을 받아야 하는데, 이때 승인을 이끌어낼 수 있도록 하려면 다음 요소를 반드시 고려해야 합니다.

첫째, 목표가 구체적이어야 합니다. 특히 해당 목표를 달성했을 때 산출되는 결과물의 이미지를 명확하게 보여줄 수 있어야 합니다.

둘째, 차상위조직의 목표와 잘 연계돼야 합니다. 이것이 안 되면 차상위조직의 지원을 받기가 힘들어지고, 목표달성 이후에도 그 일이 진짜 회사성과에 도움이 됐는지 설명하기가 애매해질 수 있습니다.

셋째, 자신의 역량보다 조금 높은 수준의 도전적인 목표를 세울 필요가 있습니다. 너무 쉬운 목표를 세우면 좋은 평가를 받기 어렵고, 반대로 지나치게 목표를 높게 잡으면 포기하게 되거나 좋은 결과를 만들지 못할 가능성이 크기 때문입니다.

넷째, 측정가능한 목표를 잡아야 합니다. 물론 모든 목표를 수치화하기는 어렵겠지만, 정성적이든 정량적이든 달성수준을 평가할 수 있는 목표를 잡아야 합니다.

다섯째, 목표를 달성하는 기한을 반영해야 합니다. 일을 잘 진행했다고 하더라도 기한이 지연되면 좋은 평가를 받기 어렵습니다.

위와 같은 5가지 요소를 반영해 목표를 세우는 것을 소위 'SMARTS' 원칙이라고 합니다. SMARTS란 구체적으로(Specific), 측정가능하게

:: SMART 원칙의 세부내용

목표설정 요령	세부내용
구체적으로 (Specific)	목표는 일반적이거나 애매한 활동이 아닌 특별한 성과에 초점을 맞춰 명확하게 기술한다.
측정가능하게 (Measurable)	목표는 객관적으로 그 달성 여부를 판단하고 측정할 수 있도록 가능한 한 계량화한다.
실행가능하게 (Actionable)	목표달성을 위한 현실적인 활동계획을 정의할 수 있어야 한다.
적절하게 (Relevant)	목표는 회사의 경영방침이나 목표달성에 기여하는 것이어야 한다.
기한을 정해서 (Time-bound)	목표의 달성기한을 정해야 한다.
도전적으로 (Stretched)	목표는 미래지향적이면서 최선의 노력을 할 경우 달성가능한 수준이어야 한다.

(Measurable), 실행가능하게(Actionable), 적절하게(Relevant), 기한을 정해서(Time-bound), 도전적으로(Stretched)라는 영문의 앞 글자를 딴 용어입니다. SMARTS 원칙의 세부내용은 위의 표와 같습니다.

연초의 세우는 목표는 결과적으로 연말 성과평가의 척도가 되는 만큼 많은 고민을 통해 수립해야 합니다. 이때 목표를 세운 후 수첩, 스마트폰 화면 등 눈에 띄는 곳곳에 붙여놓고 항상 인지하면서 일을 진행하면 목표를 달성하는 데 큰 도움이 됩니다.

참고로 연말에 성과평가를 받을 때 버려야 할 생각이 있습니다. 바로 평가를 하는 사람이 내 생각처럼 나를 평가해줄 것이라는 착각입니다. 실제로 이로 인한 오해나 불만 때문에 회사를 떠나는 사람도 많습니다.

따라서 이러한 일을 겪지 않으려면 항상 다음과 같은 방식으로 생각하고 스스로를 어필할 수 있도록 해야 합니다.

- 내가 스스로 성과를 구체적으로 표현하지 못하면 평가자는 나를 정확히 알 수 없다고 생각한다.
- 자기평가서는 자신이 1년 동안 한 일이 눈에 보이도록 최대한 세밀하게 작성한다.
- '○○프로젝트 운영' 식으로 두루뭉술하게 적지 말고 필요한 경우 자신이 한 일을 세부적으로 쪼개서 구체적으로 작성한다.
- 자기평가서 마지막 의견 란에는 평가 란에 쓰지 못했던, 일을 하면서 했던 고민과 노력, 그리고 향후 노력할 사항들을 세밀하게 기술한다.
- 평가시스템에 바로 입력하지 말고, 워드나 한글 프로그램으로 내용을 잘 다듬은 후에 옮겨 붙인다.
- 마지막 의견 란에는 반드시 상사에게 감사하다는 표현을 적는다.

회사원에게 성과평가는 연봉과 인센티브를 좌우하는 매우 중요한 부분입니다. 따라서 상사나 평가자가 당연히 내 성과를 알아주겠지 하는 식으로 접근하기 보다는 일을 할 때마다 스스로 중간성과를 점검하고 기록해놓음으로써 연말 성과평가 때 효과적으로 활용할 수 있도록 해야 합니다.

06

능동적으로 점검하는 성과 모니터링 방법

장세한 씨가 조언해준 대로 목표를 기술해서 제출한 덕분에 고성대 대리에게 또 한 번 특급칭찬을 들은 명석 씨. 의기양양하게 세한 씨에게 다가가 너스레를 떤다.

“선배님 덕분에 무사통과했어요. 이쯤 되면 뛰어난 수제자 아닙니까?”

“건방을 떨어요, 건방을…. 이제 시작일 뿐이네, 이 사람아. 목표를 아무리 거창하게 세워도 달성하지 못하면 말짱 도루묵이야. 인사평가가 좋게 나올 리도 없고.”

그 말에 다시 겸손모드를 찾은 명석 씨가 세한 씨에게 조언을 구한다.

“그럼 지난번처럼 선배님만의 특급비법을 알려주시면 안 될까요?”

“비법이 따로 있겠어? 자나 깨나 불조심하듯 주기적으로 목표달성도를 체크하는 수밖에…. 아, 비법이 하나 있기는 하다!”

비법이 있다는 말에 정신이 번쩍 든 명석 씨. 잔뜩 기대감을 품고 선배의 다음 말을 기다린다.

"쪼개라!"

"네? 그게 무슨 뜻인지…?"

"말 그대로 쪼개라고. 연간목표를 월간목표로 쪼개고, 그걸 다시 주간목표로 쪼개면 관리하기 쉽다는 말이지."

맞는 말 같기는 한데 아직은 선배의 깊은 뜻을 이해하기가 쉽지 않은 명석 씨다.

멘토의 조언

연초에 목표를 세워 실행하고 있다면, 반드시 주기적으로 자신의 성과를 점검해야 합니다. 이를 게을리 하면 결국 연말에 가서야 목표를 달성하지 못했다는 사실을 인지하고 후회하게 됩니다. 당연히 좋은 인사평가를 받기도 힘들겠지요.

회사의 업무는 매우 유동적인 경우가 많습니다. 그러다 보니 연초에 자신이 세운 목표대로 일하는 과정에서 중간중간 새로운 일이 끼어드는 경우가 다반사입니다. 또 회사의 환경이나 방침이 바뀌어서 연초에 세운 목표를 달성하기 어려운 상황도 곧잘 발생합니다. 특히 직급이 낮은 회사원들에게는 수명업무(지시에 따라 하는 일)와 운영업무가 많이 부여되기 때문에 더욱 목표관리가 쉽지 않습니다.

이러한 상황들에 대비해 성과점검은 1개월 단위로 하는 것이 바람직

합니다. 즉, 1개월 단위로 성과를 점검해서 부족한 부분은 다음 달에 좀 더 노력해야 하고, 혹시 상황이 바뀌었다면 상급 사원이나 상사에게 보고해서 방향이나 목표를 수정해야 합니다. 자신보다 상위 직급에 있는 사람은 그만큼 더 바쁠 수밖에 없으므로 부하직원을 일일이 챙기기가 어렵습니다. 따라서 좋은 평가를 받고 싶다면 자신의 성과를 능동적으로 점검해서 주기적으로 보고하는 노력을 기울여야 합니다.

성과를 점검하는 데 있어서 특별히 정해진 방식은 없지만, 대부분 다음과 같은 형식을 활용하고 있습니다.

연간목표	이달의 주요 추진실적	이슈 및 개선방향 (익월 추진사항)
매출 10억 원 달성	매출 1억 원 (누적 4억 원)	신규거래처 발굴에 집중

위 표처럼 1개월 단위로 자신의 연간목표와 그 달에 추진할 실적을 적고, 그에 따른 이슈와 개선방향을 적으면 됩니다. 여기에 한 칸을 더 추가해서 익월에 추진할 사항을 적기도 합니다. 좀 더 세밀하게 성과를 관리하고 싶다면 주간업무계획을 세워볼 수도 있습니다. 보통 하나의 과업을 달성하는 데 1주 정도가 걸린다는 점에서 꽤 도움이 될 뿐 아니라, 업무몰입도도 높일 수 있을 것입니다. 사례에서 세한 씨가 명석 씨에게 '목표를 쪼개라' 하고 조언한 이유도 바로 이 때문입니다.

'하늘은 스스로 돕는 자를 돕는다'라는 말처럼 자신의 성과는 스스로 얼마나 능동적으로 관리하느냐에 달려 있습니다. 상사가 요구하지 않더라도 능동적으로 여러분이 상사에게 미팅을 요청해 지금까지 진행한 업무상황을 설명하고 향후 방향성과 더 신경 써야 할 업무, 목표의 수정, 애로사항 등에 대해 주기적으로 이야기를 나눠야 합니다. 여기서 좋은 평가를 받는 사람과 그렇지 못하는 사람의 차이가 생긴다는 사실을 절대 잊어서는 안 됩니다.

07

업무실행력을 높여주는 역량개발 방법

오늘따라 사무실 분위기가 심상치 않음을 느낀 명석 씨. 박유식 팀장과 고성대 대리가 심각하게 얘기를 나누고, 선배들도 삼삼오오 모여서 웅성대는 모습이 회사에 무슨 일이 생긴 모양이다. 명석 씨는 장세한 씨가 다른 선배들과 얘기를 나누고 돌아오자 궁금함을 참지 못하고 질문을 던진다.

“선배님, 회사에 무슨 일 있어요? 영 분위기가 안 좋네요.”

“외주구매부의 내 동기가 사고를 친 모양이야. 직속 대리가 서두르지 말라고 한 거래를 무리하게 추진하다가 회사에 큰 손실을 입혔대. 그 친구 성과욕심에 역량도 안 되면서 무리수를 둔 거지.”

“그래도 4년 차 정도 되면 거래처 구매계약 정도는 단독으로 진행할 수 있는 거 아닌가요?”

"단순한 거래라면 당연히 할 수 있지. 하지만 대형 거래 같은 경우 고도의 협상력과 정보력이 필요하기 때문에 대리급이라도 함부로 결정해서는 안 되거든. 게다가 이번에 그 친구는 회사방침까지 무시하고 제멋대로 일을 처리한 모양이야. 결과만 중시한 탓이지."

세한 씨의 말을 다 듣고 나서 명석 씨는 문득 이런 생각이 든다.

'역량이라는 말이 하도 흔하게 쓰여서 식상하다고 생각했는데, 회사생활에서는 보통 중요한 문제가 아니구나. 경력이 쌓인다고 저절로 만들어지는 것도 아니고….'

오늘따라 회사라는 밀림에서 살아남기가 쉬운 일이 아니라는 사실이 새삼 절실히 다가오는 명석 씨다.

멘토의 조언

현대심리학에서는 인간의 의식구조를 다음 페이지의 그림과 같이 수면 위로 드러나 있는 현재의식보다 수면 아래 잠겨있는 무의식이 훨씬 많은 영향을 미치는 빙산모형에 비유하고 있습니다. 대부분의 사람이 무의식의 통제 속에 삶을 살고 있다는 의미지요. 다음과 같은 질문에 대해 여러분은 뭐라고 대답하겠습니까?

"당신은 억지로 의식하면서 밥을 먹습니까?"

"당신은 억지로 의식하면서 운전을 합니까?"

"당신은 억지로 의식하면서 이를 닦습니까?"

아마도 이에 대해 '억지로 의식하면서 한다'고 대답하는 사람은 드물

:: 인간의 의식구조

현재의식(RAM)
꿈(전의식)
무의식(잠재의식, Harddisk)
인간의 모든 습관과 행동양식, 고정관념 등이 프로그램으로 저장돼 있다가 동일한 조건이 갖춰지면 작동됨

것입니다. 우리는 이런 행동을 포함해 삶에 필요한 많은 행위들을 대부분 습관이라는 프로그램으로 저장해놓았다가 필요할 때 '무의식적'으로 활용하고 있습니다. 우리가 가지고 있는 고정관념도 이러한 무의식 영역에 포함돼 있습니다. 습관이나 고정관념이 잘 바뀌지 않는 이유도 바로 이 때문이지요.

예를 들어 어떤 사람이 3일짜리 리더십 교육을 받았다면 당장은 행동이 달라질지 모릅니다. 하지만 교육 후 1~2주가 지나면 무의식의 영향으로 용수철처럼 기존의 모습으로 돌아가게 마련입니다. 마치 다이어트로 살을 뺀 이후에 무의식에 의한 습관 때문에 요요현상을 겪는 것과 마찬가지로 말이지요. 따라서 이러한 무의식에 의한 습관까지 개선하려면 상당히 장기적인 노력이 필요합니다.

'역량(Competency)'은 경쟁하다, 라는 의미의 'Compete'라는 단어에서 파생된 말로, 말 그대로 상대와의 경쟁에서 차별화되는 능력을 의미합니다. 직무나 역할에서의 성공적 수행이라는 측면에서 보면 축적된

:: 일을 잘하기 위해 필요한 2가지 역량

구분	내용
공통역량	문제해결, 커뮤니케이션, 판단력 등 특정 직무에 국한되지 않고 일을 잘하기 위해 기본적으로 갖춰야 하는 능력. 장기간의 노력을 통해서 개발되는 측면이 있음
직무역량	특정 직무를 잘 수행하기 위해서 필요한 능력으로, 주로 지식과 기술(skill) 위주로 구성됨. 주로 업무수행이나 전문서적 읽기, 회사 교육프로그램 등이 활용되며, 비교적 개발이 용이함

지식(Knowledge), 기술(Skill), 능력(Ability), 태도(Attitude), 적성(Aptitude)의 집합체라고 표현할 수 있습니다. 또한 앞서 제시한 의식의 빙산모형을 기준으로 보면 역량을 '어떤 일(事)을 잘하게 하는 내재화된 습관'이라고 볼 수 있습니다.

역량은 위의 표와 같이 2가지 유형으로 구분됩니다. 위의 유형 중에서 직무역량은 직무에 필요한 세부적인 지식과 기술을 의미하며, 다른 역량에 비해 개발하기가 비교적 수월합니다. 반면에 공통역량을 개발하려면 상당히 장기적이고 반복적인 노력이 필요합니다.

여러분이 회사에서 역량평가를 잘 받기 위해서는 실질적인 역량개발 계획을 세울 수 있어야 합니다. 이때 다음 페이지의 표와 같이 필요역량을 공통역량과 직무역량으로 구분해서 각각의 개발목표를 적고, 그것을 달성할 방법을 구체적으로 기술해야 합니다. 이와 같이 역량개발 계획을 세울 때는 다음과 같은 사항에 중점을 둬야 합니다.

첫째, 회사가 요구하는 인재상이나 방침 등을 잘 이해해야 합니다.

둘째, 자신이 속한 조직의 선배나 상사가 항상 강조하는 역량이 무엇

:: 역량개발 계획 작성사례

필요역량		개발목표	개발방법
공통 역량	문제해결 능력	업무 관련 제안 5건	문제해결 능력에 관한 책 읽기 및 실제 업무에서 문제를 찾아 제안 5건 실행
	커뮤니케이션 능력	상사와 이해관계자에게 쉽게 의사표현을 하고 설득하는 능력 배양	커뮤니케이션 관련 사내강의 수강 및 지속적 훈련
	대인관계 능력	이해관계자와 깊이 있는 대화를 나눌 수 있는 수준	이해관계자와 1주 2회 점심 또는 미팅을 통해 의견 경청 및 친밀도 강화
직무 역량	재무지식	재무제표 이해하기	재무기초에 관한 온라인 교육 수강
	문석작성 능력	파워포인트 문서작성 수준 높이기	문서작성에 관한 책 읽기 및 선배 코칭 받기
	통계분석 능력	SPSS(통계프로그램) 활용 가능	조사방법론 및 SPSS 관련 책 읽기 및 업무에 통계분석 적용

인지를 잘 이해해야 합니다.

셋째, 자신이 가장 취약하다고 생각하는 역량을 높이는 데 집중해야 합니다. 모든 역량을 다 개발하기는 어려우므로 부족한 역량을 보완하는 데 집중하는 방법이 최선입니다.

넷째, 역량은 교육이나 강의를 듣는 것만으로 개발되지 않습니다. 역량을 높이려면 교육이나 강의에서 들은 내용을 반복적으로 실천하고, 업무에 적용도 해보고, 독서 등을 통해 좀 더 세부적인 지식을 쌓는 등의 노력을 꾸준히 실행해야 합니다. 특히 역량은 무의식에 습관화돼야 하는 만큼 평상시에 몰입상태에서 지속적으로 반복훈련을 해보는 것이 가장 중요합니다. 최소 수십 번에서 100번 정도 반복해보면 무의식에 습관화되면서 역량이 강화되게 됩니다.

역량은 결국 일을 잘하는 능력을 의미합니다. 특히 직급이 낮을수록 인사평가 시 역량평가의 비중이 높으므로 신중하게 역량개발 계획을 세워 꾸준히 실천해야 합니다.

지금, 기본에
집중하고 있는가

4장

다양한 문서작성과 보고의 핵심기술

01

메시지 전달력을 높이는 보고서 작성의 핵심비법

"내가 이거 상무님 전결로 올릴 보고서라고 했잖아. 그런데 이걸 이런 식으로 작성하면 어떻게 해!"

오늘도 여지없이 영업지원팀 사무실에 고성대 대리의 고성이 울려 퍼졌다. 그런데 오늘은 그 대상이 명석 씨가 아니라 장세한 씨였다. 그 모습을 곁눈질로 바라보던 명석 씨. 왠지 묘한 생각이 든다.

'나한테는 완벽하게만 보이던 세한 선배가 고 대리님한테 깨지는 날이 있다니. 무슨 일이 있는 걸까?'

연신 죄송하다는 말을 하다가 자리로 돌아온 세한 씨. 고 대리에게서 돌려받은 보고서를 책상 위에 내려놓으며 허탈한 표정을 짓는다.

"내가 미쳤지. 정신을 어디에다 두고…."

"선배님, 괜찮으세요? 보고서에 무슨 문제가 있기에…."

후배에게 위로를 받는 게 무안했는지 세한 씨가 애써 미소를 지으며 대답한다.

"당연히 괜찮지. 내가 다른 일 때문에 정신이 없어서 보고서 최종 결재권자가 상무님이라는 사실을 깜빡 해서 그래."

"네? 보고서가 팀장님용, 상무님용이 따로 있나요?"

"똑같은 내용의 소설이라도 성인용, 청소년용, 어린이용이 따로 있잖아. 그것처럼 보고서도 보는 사람이 누구냐에 따라 내용이 달라져야 하거든. 우리 팀장님은 영업전문가니까 우리가 쓰는 전문용어로 설명해도 이해하실 수 있지만, 상무님은 영업현장 경험이 없으시니까 좀 더 이해하기 쉽게 설명해야 한다는 걸 깜빡 한 거야. 상무님 연세를 생각해서 글씨 크기도 조금 키워야 한다는 점도 고려하지 못했고."

"그렇군요. 오늘은 선배님의 실수 덕분에 한 수 배우네요. 솔직히 실수하는 모습을 보니까 선배님이 더 인간답고 좋아 보이는 데요. 하하."

순간 미간을 좁히고 자신을 째려보는 세한 씨를 보면서 괜한 말을 했다는 후회가 밀려드는 명석 씨다.

멘토의 조언

필자가 오랜 기간 인사업무를 하면서 만난 우수한 인재 중에 '보고서 작성의 달인'이라고 부를 만한 P 팀장이 유독 기억납니다. 하루는 그 팀장의 능력이 부러운 나머지 '보고서 작성의 핵심원리'가 무엇이냐고 물었습니다. 그러자 그는 '역지사지(易地思之)의 마음'으로 작성하는 것이 핵심이라는 대답과 함께, 자신의 경험담을 들려줬습니다.

P 팀장은 첫 직장에서 매우 엄한 상사를 만났다고 합니다. 그 상사는 P 팀장뿐만 아니라 누가 만든 보고서든 쉽게 결재해주는 법이 없었습니다. 항상 "이건 왜 이런데?", "근거가 뭐야?" 하고 세세히 따지거나 "왜 이렇게 복잡해?", "도대체 뭐 하자는 거야?" 등의 질책을 쏟아 붓곤 했습니다. 당연히 P 팀장이 쓴 보고서는 늘 빨간펜으로 도색되기 일쑤였지요. 한 동안 '내가 그렇게 업무능력이 부족한가. 도대체 뭐가 문제일까?' 하고 고민하던 P 팀장은 어느 날 문득 이런 생각이 떠올랐다고 합니다.

'아, 내 보고서를 최종적으로 받는 사람은 부장님이 아니라 사장님이라는 사실을 생각하지 못했구나!'

다시 말해 P 팀장이 만든 보고서의 최종 보고자가 자신이 아닌 상사라는 사실을 그제야 깨달은 것입니다. 그때부터 P 팀장은 보고서를 만드는 기준을 이렇게 세웠습니다. 일단 머릿속에 '사장님은 얼마나 알고 있을까?', '이 문서를 보고 사장님이 쉽게 이해할 수 있을까?' 등을 생각하고, 사장님께 보고하는 상사의 입장을 상상하며 문서를 만들기 시작했습니다. 특히 상사에게 보고할 때 미리 사장님이 궁금해 하실 사항에 대한 근거나 자료를 준비했습니다. 즉, 사장님은 해당 분야에서의 전문가가 아니라는 생각으로, 일반적인 지식을 가지고 있는 사람이 물어볼 만한 예상질문과 그에 해당하는 답변을 뽑아 보고서와 함께 상사에게 제출한 것입니다. 그때부터 P 팀장은 상사의 무한 칭찬은 물론 업무평가도 월등히 좋아졌다고 합니다.

이 사례를 통해 우리는 '보고서 작성은 단순히 문서를 만드는 기술이 아니다'라는 사실을 알 수 있습니다. 보고서 작성은 논리적 사고를 통해 자신의 생각을 정리해 상대에게 전달할 중요한 메시지를 만들고, 이 메시지를 문서에 담아 상대방이 가장 이해하기 쉽게 전달할 수 있게 하는 과정입니다. 상당수의 직장인들이 이러한 사실을 인지하지 못하고 보고서를 작성할 때 여전히 화려한 도형과 디자인에 치중하는 경우가 많습니다. 하지만 진정한 보고서 작성능력이란 '훌륭한 직관력(Insight) · 가설 · 논리적 사고를 바탕으로 자신의 생각을 정리하고 가장 훌륭한 대안을 만들어 이를 효과적인 스토리로 정리할 수 있는 능력'이라는 점을 반드시 기억해야 합니다.

보고서를 잘 작성하려면 다음 5가지 요소가 반드시 반영돼 있어야 합니다.

첫째, 보고서를 만들 때는 자신의 입장이 아닌, 보는 사람이나 최종 의사결정권자의 입장에서 만들어야 합니다. 즉, 보고서를 보는 사람이 느끼는 감정을 상상하면서 만들어야 합니다. 사례에서 장세한 씨의 경우 최종적으로 보고를 받는 대상을 인지하지 못하고 보고서를 만들었기 때문에 상사에게 질책을 받았던 것이지요.

둘째, 논리적으로 만들어야 합니다. 보고서의 시작부터 끝까지 일관된 논리가 적용돼야 한다는 뜻입니다. 또한 이러한 논리적 근거를 뒷받침하는 규정 · 방침 · 통계 등을 이해하고 있어야 합니다. 이러한 요소들이 뒷받침돼야만 보고서의 논지를 강하게 전달할 수 있습니다. 특히 목차를 먼저 정해서 일정한 얼개로 문서를 구조화하면 더욱 논지가 명확해질 뿐 아니라, 보고서를 작성하는 속도도 빨라집니다.

셋째, 쉬운 말로 작성해야 합니다. 무엇보다 보고서를 읽는 사람의 지식수준을 생각해야 합니다.

넷째, 간결하고 명료하게 작성해야 합니다. 보고서는 논문이 아니므로, 의사결정권자가 빠른 시간 내에 의사결정을 할 수 있도록 핵심주제가 명확히 눈에 들어오도록 작성해야 합니다.

다섯째, 아름답게 작성해야 합니다. 이는 화려하게 꾸미라는 뜻이 아니라, 보고서의 균형미를 갖춰야 한다는 뜻입니다. 예를 들어 보고내용을 뒷받침하는 도표나 그래프, 그림 등을 활용하면 보고서가 좀 더 충실해지고 보고를 받는 사람이 이해하기도 쉬워집니다.

특히 보고서를 만든 후 마지막 점검절차를 거치지 않으면 결코 좋은 결과물을 만들지 못합니다. 이를 위해 주변 동료들의 의견을 구해보는 동시에, 자신의 보고서가 다음 페이지에 제시된 체크리스트 요건에 부합하는지 비교검토해볼 필요가 있습니다.

보고서를 작성할 때마다 체크리스트와 비교해보는 습관을 들이면, 나중에는 이것이 내면화되어 머릿속에서 이러한 체크리스트가 자연스럽게 돌아가게 됩니다. 어떤 일이든 처음에는 무조건 모방을 해야 빨리 배울 수 있습니다. 그리고 여기에 점차 자신의 경험으로 얻은 것들을 덧붙여나감으로써 자신만의 기준을 창조해낼 수 있습니다. 체크리스트를 활용하는 가장 중요한 포인트는 마음을 비우고 완전히 제3자의 시각에서 자신의 보고서를 점검해야 한다는 것입니다. 이미 마음속에 '나는 잘 만들었다'는 생각이 굳어 있으면 체크리스트를 활용해도 별 효과가 없기 때문입니다.

:: 보고서 검토 체크리스트

	체크사항	확인
1	이 보고서나 기획서가 왜 필요한지 기술돼 있는가?	
2	보고서를 최종적으로 보는 사람의 관점에서 이해하기 쉽게 작성돼 있는가?	
3	보고서에서 제시한 방안에 대해 '왜 이렇게 해야 하는지' 물었을 때 답변할 준비가 돼 있는가?	
4	제시할 수 있는 대안들과 그 장단점이 보고서에 잘 기술돼 있는가?	
5	빠진 대안이 있는가? 빠진 대안에 대한 의견은 구두로라도 준비돼 있는가?	
6	문장이 간결명료한가? 장황한 내용은 없는가?	
7	보고서 제목이 전체 내용을 잘 표현하고 있는가?	
8	목차상의 논리적 오류는 없는가?	
9	'구체적인 실행방안'을 물었을 때 답변할 준비가 돼 있는가?	
10	설명 없이도 이해할 정도로 쉬운 수준인가?	
11	시각적으로 아름다운가? 여백의 미가 살아 있는가?	
12	너무 직관적이어서 논리적인 비약이 발생하지는 않았는가?	
13	보고서에 너무 많은 색이 사용되지는 않았는가? 눈에 잘 들어오는 수준으로 색을 사용했는가?	
14	근거는 명확한가? 근거자료의 출처가 조사·기술돼 있는가?	

02

회의의 효과를 높이는 회의록 작성법

오늘은 매달 첫날에 진행되는 영업지원팀 전체 회의가 있는 날. 가벼운 마음으로 회의에 참석할 준비를 하고 있는 명석 씨에게 박유식 팀장이 한마디를 던진다.

"오늘 회의에서는 명석 씨가 회의록을 작성해보는 게 어때? 내년부터는 세한 씨한테 물려받아서 명석 씨가 담당해야 할 일이니까 미리 경험해보는 기회도 되고 말이야."

비록 권유형으로 던진 팀장의 말이지만 결코 거부할 수 없는 일임을 직감적으로 알고 있는 명석 씨. 세한 씨에게서 회의록을 전해 받고 회의실 쪽으로 무거운 발걸음을 옮긴다. 명석 씨는 회의가 진행되는 내내 그 무엇도 놓칠 수 없다는 각오로 열심히 팀원들의 말을 회의록에 기록해나갔다. 그렇게 회의가 마무리되고 고 대리를 통해 회의록을 전달 받은 박

팀장이 명석 씨를 불렀다.

"이거 쓰느라 손에 땀 좀 고였지? 회의록을 거의 장편소설 수준으로 썼으니 그러고도 남지."

그 말의 의도를 몰라 멀뚱거리는 명석 씨를 보고 박 팀장이 질문을 던진다.

"명석 씨는 회의록을 왜 쓴다고 생각해?"

"기록을 남겨야 하니까 작성한다고 생각합니다."

"그렇지, 회의내용을 기록으로 남기는 게 제일 중요한 목적이지. 그런데 회의록도 하나의 보고서라고 생각해야 해. 즉, 쓰는 사람이 아니라 보는 사람이 이해할 수 있게 작성해야 한다는 말이지. 그런데 명석 씨처럼 서술식으로 쭉 내려쓰면 어떻게 되겠어? 빠지는 내용은 없겠지만 보는 사람이 회의의 요점이 뭐고 결론이 무엇인지를 한 눈에 확인하기 어렵잖아."

회의록도 결국 하나의 보고서라는 팀장의 조언을 듣고 '회사는 보고로 시작해서 보고로 끝난다'는 선배들의 말이 새삼 실감나는 명석 씨다.

멘토의 조언

회의록이란 회의내용 및 결정사항을 간결하게 정리한 문서를 말합니다. 회의록의 핵심은 결정사항과 추후 논의사항을 기술함으로써 중요한 기록문서로 활용하는 데 있습니다. 필자가 예전에 다녔던 회사에서 회의록 하나로 2건의 프로젝트가 각각 다른 결과를 초래한 사례가 있었습니다. A 프로젝트는 수주할 때부터 악성 프로젝트라는 오명이 자자해 결국 적자가 날 것이라고 예상됐고, B 프로젝트는 누구라도 맡고 싶어할 만한 좋은 여건을 가지고 있었습니다.

먼저 좋은 여건을 가진 B 프로젝트를 맡은 PM(프로젝트 매니저)은 고객사와의 인간관계를 중요시했습니다. 그런데 그 정도가 지나쳐 고객사의 요구사항을 모두 수용하려다 보니 결국 프로젝트의 범위가 크게 늘어나 흑자를 예상했던 프로젝트를 적자로 마무리하게 됐습니다. 한편, 실패가 예견된 A 프로젝트를 맡은 PM 역시 고객사의 요구사항을 중요시했다는 점에서는 동일했습니다. 다만 이 PM은 반드시 고객과 협의한 사항을 회의록에 기록해 서명을 받아 놓았습니다. 그리고 프로젝트 연장계약이 필요한 시점에 이 회의록을 근거로 수주 시보다 프로젝트 범위가 늘어났음을 고객사 측에 설명하고 결국 연장계약 체결을 성사시킴으로써 프로젝트의 결과를 흑자로 만들었습니다. 사실 B 프로젝트를 맡은 PM도 손실을 만회하기 위해 고객사 측에 연장계약을 요청하기는 했지만, 회의록 등 마땅한 근거자료를 제시하지 못한 탓에 고객사에서 그 요청을 거부했습니다.

이 사례는 복잡하고 전문적으로만 보이는 프로젝트 역시 아주 단순한 기본의 차이 하나로 결과가 달라질 수 있다는 사실을 잘 보여주고 있습니다. 실제로도 회의록은 각종 프로젝트나 업무에서 절대적으로 중요한 역할을 하고 있습니다. 특히 회의록은 프로젝트 협업 등을 진행할 때 특별한 이해관계로 인해 회의에서 결정된 사항이 은근슬쩍 변경되는 위험을 막아주는 역할을 하기도 합니다.

다음 페이지의 그림은 회의록 작성의 기본형태를 나타낸 것입니다.

:: 회의록 작성사례

○○○ 회의록

일시 : 20XX. 12. 5(수) 14:00
장소 : 소회의실
참석자 : 박유식, 고성대, 장세한, 한명석(총 4명)

1. 주요 안건
– ○○○ 사안 논의
– ○○○ 방안 논의

2. 세부 논의사항
– ○○○ 사안은 A의 방법으로 처리. 단, C의 경우가 발생할 가능성도 검토 필요
– ○○○ 방안은 B의 방법으로 처리

3. 결정사항
– XXXX는 XX로 처리하기로 합의

4. 보류/추후 논의
– XXXX는 XX의 방향으로 처리를 하되 구체적인 안이 나오면 한 번 더 논의하기로 함

박유식 (서명), 고성대 (서명), 장세한 (서명), 한명석 (서명)

이를 기준으로 회의록을 작성할 때 반드시 고려해야 할 사항을 살펴보면 다음과 같습니다.

첫째, 일시, 장소, 회의주제, 참석자, 논의사항, 결정사항 등을 잘 기록해야 합니다. 회의가 장시간 이어진다면 전자녹음기를 활용할 수도 있습니다. 참고로 스마트폰을 이용해 녹음할 때는 '비행기 (탑승)모드'로 설정해놓아야 중간에 전화가 와서 녹음이 중단되는 상황을 막을 수 있

습니다.

둘째, 회의록은 기본적으로 육하원칙에 따라 작성해야 합니다.

셋째, 회의결과 정리된 의견을 빠짐없이 기술하는 것이 무엇보다 중요합니다. 앞에서 언급한 것처럼 회의록은 나중에 회의결과에 대해 다른 말이 안 나오도록 하는 공문서 역할을 하기 때문입니다.

넷째, 완성된 회의록은 회의 참석자들에게 이메일로 회람하고, 의견을 받거나 공람해 서명을 받아야 합니다. 회의록은 향후 중요한 과정기록 문서가 되기 때문에 반드시 이러한 과정을 거쳐야 합니다. 이메일로 회의록을 공유할 때는 메일내용에 '회의내용을 아래와 같이 정리해 보내드리오니 검토 후 의견 부탁드립니다'라고 쓴 뒤에 '특별한 의견이 없으시면 이대로 공유(또는 진행)하겠습니다'라는 식으로 이해관계자들에게 의견을 구하는 것이 좋습니다.

03

논지와 결론이 돋보이는 1페이지 보고서 작성방법

박유식 팀장에게서 회의록에 대한 조언을 들은 이후 부쩍 보고서에 대한 관심이 많아진 명석 씨. 틈날 때마다 관련 책들을 찾아보며 어떻게 하면 보고서를 잘 만들지를 공부하다 보니, 기회만 오면 멋진 보고서를 작성해서 능력을 인정받겠다는 자신감이 커져 갔다. 그러던 어느 날, 마침내 기회가 찾아왔다. 고성대 대리가 팀장님께 올릴 상반기 영업지원 계획에 대한 보고서를 만들어보라고 지시한 것이다. 그런데 이상한 조건이 하나 붙었다.

"그거 1페이지 보고서로 만들어야 돼."

'아, 모처럼 능력을 보여줄 기회인데 1페이지짜리로 만들라니…. 아쉽기는 하지만 일은 빨리 끝낼 수 있겠군.'

그런 마음으로 자료정리를 시작한 명석 씨. 하지만 빨리 끝나겠다는 생각과는 달리 몇 시간째 보고서를 썼다 지웠다만 반복하고 있다.

'이 많은 내용을 어떻게 1페이지에 정리하라는 거지? 줄이고 줄여도 10페이지는 족히 넘겠는 걸.'

"그러다 어느 세월에 만들려고 그래? 고 대리님이 왜 1페이지로 만들라고 했는지 다시 생각해보라고."

끙끙대는 후배의 모습이 안쓰러웠는지 장세한 씨가 훈수를 둔다.

"고 대리님이 1페이지라고 지정한 건 팀장님께 보고할 핵심적인 내용만 간략하게 정리하라는 의미야. 그리고 나머지 세부적인 내용은 첨부문서로 만들어서 고 대리님 드리면 되는 거고. 팀장님이 1페이지 보고서에서 궁금한 내용을 물어보면 그 자료를 찾아 고 대리님이 답변할 수 있게 말이야. 예를 들면 1페이지 보고서에는 영업지원 계획에 따른 핵심적인 방안만 적고, 나머지 근거자료나 통계, 세부내역 등은 첨부자료에 담는 식으로 작성하면 되겠지."

"그렇더라도 1페이지에 담기에는 내용이 너무 많아서요."

"내가 보기에는 명석 씨가 회의록을 작성했을 때와 똑같은 실수를 하는 거 같은데? 여기 길게 서술된 내용을 표로 정리하면 내용이 반은 줄어들잖아."

보고서를 멋지게 꾸미겠다는 욕심을 부리다가 '똑같은 실수'라는 치명적인 지적을 받은 명석 씨. 배움의 길은 끝도 없구나 하는 생각에 한숨이 절로 나올 뿐이다.

멘토의 조언

보고서를 작성하는 상당수의 회사원들이 깨지 못하는 고정관념이 하나 있습니다. 보고서가 얇으면 수준이 떨어지거나 일을 제대로 안 했다는 느낌을 줄 것이라는 생각입니다. 하지만 현실에서는 두꺼운 보고서보다는 오히려 1페이지 보고서가 더 큰 위력을 발휘하는 경우가 많습니다.

1페이지 보고서가 큰 위력을 발휘하는 까닭은 목적과 논지가 압축될수록 상대방에게 주는 메시지는 더 강력해지기 때문입니다. 특히 회사에서 경영진에게 보고할 때 1페이지 보고서가 많이 활용됩니다. 이때 상세한 내용을 담은 파워포인트 보고서는 첨부자료로 사용될 때가 많습니다. 1페이지 보고서를 작성하는 기본적인 방법은 다음과 같습니다.

첫째, 보고서 1페이지에 핵심적인 의견을 모두 기술하고, 기타 부연 설명이나 근거자료는 첨부문서로 만듭니다. 물론 보고내용을 뒷받침하는 자료가 많을수록 좋긴 하겠지만, 정작 보고를 받거나 회의를 하는 사람은 20~30페이지에 달하는 두툼한 보고서를 검토할 시간이 없습니다. 한편, 이런 식으로 보고서 1페이지에 핵심내용을 담는 방법을 활용하면 20~30페이지를 모두 완벽하게 만드느라 소요되는 시간이 획기적으로 줄어드는 장점도 얻을 수 있습니다.

둘째, 먼저 목차를 잡은 후에 세부내용을 기술합니다. 처음부터 모든 메시지를 1페이지로 압축하겠다는 과욕을 부려서는 안 됩니다. 먼저 설명하고자 하는 내용을 '1. 목적, 2. 현황 및 이슈, 3. 추진방향(또는 개선방안), 4. 예산, 5. 의사결정사항' 등의 목차로 정리한 후, 각 목차에 따라 자연스럽게 브레인스토밍하듯 내용을 기술합니다.

:: 일반형 문장과 보고형 문장의 차이

일반형 문장	보고형 문장
너무나 멋지고 아름다운 밤입니다.	아름다운 밤
○○회사는 상당히 많은 예산을 사용했으나, 프로젝트 수행결과 원하는 바를 달성하지 못했음	○○회사는 과도한 예산을 사용했으나, 목표를 달성하지 못함

셋째, 목차별로 기술된 내용을 키워드 중심으로 압축합니다. 필자의 경험상 이런 식으로 압축하고 나면 핵심적인 메시지는 몇 개 되지 않는 경우가 많습니다. 위의 표와 같이 불필요한 수식어구는 빼고, 간결명료하게 핵심적인 키워드만을 뽑아내면 매우 훌륭한 1페이지 보고서를 완성할 수 있습니다.

넷째, 결론이 명확해야 합니다. 잘못된 보고서는 대부분 현황·분석은 잘 돼 있는 반면 정작 무엇을 주장하고 싶은지 또는 어떤 결론을 얻고 싶은지가 명확하지 않은 경우가 많습니다. 1페이지 보고서에서는 특히 주장하는 논지와 결론이 명확히 도출돼 있어야 합니다. 결론이 없는 보고서는 '앙꼬 없는 찐빵'과도 같습니다. 특히 '어떻게 할 건데(How)?'라는 질문에 대한 답이 반드시 보고서 안에 들어 있어야 합니다.

다섯째, 표를 잘 활용해야 합니다. 1페이지 보고서는 압축이 중요하기 때문에 서술식만으로 작성하기에는 한계가 있습니다. 따라서 표를 적절히 활용함으로써 많은 양의 내용을 효과적으로 1페이지에 압축해서 기술할 수 있도록 해야 합니다. 사례의 명석 씨는 이러한 점을 몰랐기 때문에 보고내용을 압축하는 데 어려움을 겪었던 것입니다.

지금까지 설명한 방식으로 잘 작성된 1페이지 보고서는 소위 '비즈니스 예술'이라고 할 정도로 보기가 좋습니다. 다만 지나치게 1페이지에 집착해서는 안 됩니다. 보고서에 따라서는 최소 2페이지 정도는 할애해야 필요한 내용을 모두 담을 수 있는 경우가 있기 때문입니다. 이런 경우에는 2페이지로 작성해도 아무 문제가 없습니다. 중요한 것은 고정관념에 얽매여서는 안 된다는 사실입니다. 보고서의 핵심은 형식이 아니라 '소통(커뮤니케이션)'에 있음을 항상 명심해야 합니다.

다음 페이지의 그림은 인사팀이나 교육팀에서 주로 작성하는 특정년도 교육계획에 대한 1페이지 보고서 작성사례를 나타낸 것입니다. 앞서 설명했듯이 이런 형식의 보고서는 주로 경영진을 설득하기 위한 용도로 작성되며, 기존에 파워포인트로 작성된 수십장의 연간 교육계획 보고서 내용을 압축해서 만들게 됩니다. 이때의 핵심은 그해 실행할 교육의 방향성을 명확히 요약해 담아야 한다는 것입니다. 그림을 보면 몇 개의 표를 이용해 연간 실행할 교육의 방대한 내용을 함축해서 담고 있음을 알 수 있습니다.

참고로 1페이지 보고서를 잘 쓰게 되면 파워포인트 문서를 만드는 데도 많은 도움이 됩니다. 형식만 다를 뿐 스토리라인은 동일하기 때문입니다.

:: 1페이지 보고서 작성사례

20XX년도 교육계획(요약)

XXXX.XX.XX/OO팀

1. 20XX년도 교육방침/추진방향

비즈니스 감각을 갖춘 최강의 전문인력 육성

- 비즈니스역량 강화
- 핵심 특화기술력 확보
- 생산성 향상을 위한 직무역량 확보

2. 교육지표

구분	총투입비용	노동부환급	인당투입비용	총교육시간	MD	MH율
20XX년 목표	XX억원	X천만원	763	XXX,XXX	XX.X 일	X.X%
전년도 실적	XX억원	X천만원	292	XXX,XXX	XX.X 일	X.X%

※경쟁사 20XX년 실적 : A사(XXMD, 인당X,XXX천), B사(XXMD, 인당X,XXX천) C사(XXMD, X,XXX천)

3. 중점추진방향

구분	비즈니스역량 강화	핵심특화 기술력 확보	생산성 향상을 위한 직무역량 확보
추진과제	■ 영업/마케팅역량 강화 ■ 전략수립역량 강화 ■ 고객관리역량 강화 ■ 해외 비즈니스역량 강화	■ 웹 기반 개발기술 강화 ■ 아키텍쳐 및 분석/설계 역량강화 ■ 개발방법론 교육 강화	■ 프로젝트 관리역량 강화 ■ 리더십역량 배양 ■ 계층별 필수역량 강화 ■ 핵심인재역량 강화 ■ 전문가제도 도입
주요과정	✓ 영업대표,영업전문가과정 ✓ 기획력 강화과정 ✓ 고객관리역량 향상과정 ✓ 사내 단기집중 어학과정 ✓ 해외연수과정 (XXX S/W공학 등)	✓ 웹/모바일 전문가과정 ✓ XXX 전문가과정 ✓ 시스템 분석/설계과정 ✓ DB 전문가과정 ✓ 객체지향방법론 과정	✓ 프로젝트 관리, PMP과정 ✓ 임원/팀장 리더십과정 ✓ 부·차·과장 역량향상과정 ✓ PM, 영업, 컨설팅 등 전문가제도 도입
비 고	※ 조직문화 전파 강화-각 교육과정 중 당사 조직문화에 대한 이해 강화교육 추가실시		

3. 교육목표 달성을 위한 중점 추진과제

추진사업	목표일정	주요내용
교육이수학점제도 도입	XX.XX.XX	직무별/직급별 필수교육체계/학점제 수립으로 육성 강화
PM 육성체계 수립	XX.XX.XX	PM 자격요건 체계 수립, PM육성체계, 자격제도 도입
사내 자격제도 도입	지속	영업, 컨설턴트 등 주요직무에 대한 사내 자격제도 도입
PDP제도 수립	XX.XX.XX	전문가 양성 Career Development Program 수립 및 운영

04 업무의 섬세함이 빛나는 품의서 작성법

명석 씨가 장세한 씨의 도움을 받아 작성한 1페이지 보고서로 무사히 보고를 마친 고성대 대리가 명석 씨를 부른다.

"명석 씨, 보고서 만드느라 수고했어. 이제 업무를 마무리해야 하니까 이 보고서를 토대로 품의서를 작성해서 결재를 올리자고. 품의서 만드는 방법은 알고 있겠지?"

고 대리의 지시를 받고 자리에 돌아온 명석 씨. 사실 아직 품의서를 작성해본 적은 없지만 보고가 잘 마무리됐다는 안도감에 이런 생각을 해 본다.

'품의는 어차피 예산 신청을 위한 형식적인 절차 아니겠어. 보고가 잘 끝났으니까 적당히 작성해서 내면 되겠지, 뭐.'

명석 씨는 그런 생각으로 과거에 작성된 품의서를 참조해 재빨리 품의서를 작성한 후 보고서를 첨부해 결재를 올렸다. 그런데 잠시 후, 고 대리가 인상을 잔뜩 찌푸리면 명석 씨를 호출한다.

"명석 씨, 왜 또 마무리가 이 모양이야. 보고서만 잘 쓰면 품의서는 대충 써도 되는 거야?"

"네? 선배들이 작성했던 품의서를 참조해서 쓴 건대요. 무슨 문제가…?"

"보고서 내용에 따라 품의서 내용도 달라질 수밖에 없는데, 그런 식으로 생각 없이 베껴 쓰니까 이 모양이지. 이 품의서로 본부장님 결재도 올려야 하고, 경영기획팀 협조도 요청해야 하는데 보고내용 요약도 안 돼 있고, 관련 예산 정리한 내용도 빠져 있잖아. 모르면 물어봐가면서 일을 하라고 내가 몇 번을 얘기해! 이거 가져가서 다시 작성해 와!"

그렇게 고 대리에게 잔소리를 듣고 나서 자리로 돌아온 명석 씨. 그제야 자신의 잘못을 깨닫고 장세한 씨의 도움을 받아 품의서의 잘못된 부분을 고쳐서 다시 결재를 올렸다. 고 대리는 명석 씨가 다시 작성해온 품의서 내용을 훑어보고 나서 이런 조언을 해준다.

"그래, 이렇게 잘 할 수 있잖아. 내가 늘 얘기하지만 작은 일 하나에도 최선을 다해야만 프로로 성장할 수 있는 거야. 남의 걸 베끼는 방식으로는 평생 제자리를 맴돌 수밖에 없다고. 앞으로는 품의서도 하나의 보고서라는 생각으로 최선을 다해 주길 바라."

고 대리의 묵직한 조언을 듣고 또 한 번 기본의 중요성을 망각한 자신의 모습이 부끄럽게만 느껴지는 명석 씨다.

멘토의 조언

회사에서 가장 많이 쓰이는 문서가 바로 품의서입니다. 그런데 품의서를 자주 작성하는 사람조차도 '품의'의 의미를 모르는 경우가 많습니다. 품의란 '상사에게 여쭈어 의논함'이란 뜻이며, 품의서란 '상사에게 어떤 일을 어떻게 어떤 비용으로 하겠다는 사실을 결재 받기 위해 작성하는 문서'를 뜻합니다. 회사에서의 품의는 먼저 기안자가 경영관리상의 안건에 대해 품의서를 작성해 관계부서의 의견을 물은 다음 최종 결재권자에게 결재를 받는 절차로 진행됩니다. 참고로 회사마다 별도로 품의서 양식과 품의절차를 규정하고 있으므로, 해당 규정에 따라 품의를 진행하면 됩니다.

품의서는 기본적으로 일반 기획서를 작성할 때와 유사한 방법으로 작성합니다. 특히 앞에서 설명한 1페이지 보고서 작성에 능숙해지면 품의서도 잘 쓸 수 있게 됩니다.

사례의 명석 씨처럼 많은 회사원이 품의서를 단순히 비용을 청구하는 문서 정도로 인식하는 경향이 있습니다. 그런데 보고서로 보고를 한 뒤에는 결국 품의서에 해당 보고서를 첨부해서 전자결재 등을 받는 것으로 업무를 마무리하게 되므로, 품의서를 정확하게 쓰는 노력을 기울여야 합니다. 또한 일반적으로 상사들은 품의서의 내용을 보고 해당 직원이 업무에 대한 섬세함을 갖췄는지를 판단한다는 사실을 명심해야 합니다.

회사에서 품의서를 작성할 때는 '전결'과 '협조'의 의미를 이해하고 있어야 합니다. 먼저 전결이란 업무내용에 따라 경영자에게서 결재권을 위임받은 사람이 그 의사를 결정하는 행위를 말합니다. 따라서 품의서를 작성할 때는 반드시 회사에서 규정하고 있는 '위임전결규정'을 확인해 중간 결재권자와 최종 결재권자가 누구인지를 확인해야 합니다. 참고로 이를 회사에서는 일반적으로 '결재라인'이라고 표현합니다.

협조란 위임전결규정에 따라 품의서를 결재받는 과정에서 해당 사안과 관련된 부서(유관부서)에 품의내용에 대한 협조를 부탁하는 것을 말합니다. 예를 들면 마케팅예산 활용을 위해 전략팀에 협조를 구하거나, 기술검토를 위해 기술전략팀에 협조를 구하는 경우를 말합니다. 협조는 보통 합의와 협의로 나누어지는데, 합의는 반드시 유관부서와 합의가 돼야 다음 단계로 넘어갈 수 있는 것을 말하고, 협의는 유관부서가 의견을 제시하는 것을 말합니다. 이외에 단순참조라고 해서 품의내용을 공유하는 방식이 있습니다.

품의서 작성의 핵심요령은 다음과 같습니다.

(1) 제목

제목만으로도 품의서의 핵심내용이 잘 드러날 수 있도록 해야 합니다.

- 올바른 예 : 20××년 1/4분기 채용운영 계획
- 잘못된 예 : 채용비용 품의

(2) 헤드라인

어떤 사안을 품의하는지를 2줄 이내의 문구로 압축해 작성하는 것이 좋습니다.

- 예 : 20××년 인력운영 계획에 의거 1/4분기 채용실시 방안을 아래와 같이 품의합니다.

- '아래와 같이' 또는 '다음과 같이'라는 문구는 아래(다음)에 세부적인 내용설명이 있는 경우에 사용합니다.
- '첨부와 같이'라는 문구는 아래(다음)에 세부적인 내용 없이 바로 첨부로 들어가는 경우에 사용합니다.

(3) 세부구성 항목

- 목적 : 품의서의 목적을 1~2줄의 내용으로 설명합니다.
- 내용 : 일정이나 방법 등 세부적인 사항을 기록합니다. 내용이 너무 길어질 경우 '세부사항은 첨부 참조'라는 문구로 대체한 후, 관련 내용을 별도 첨부문서로 구성합니다.
- 예산 : 품의 관련 예산은 다음 페이지의 그림처럼 '구분(항목)', '금액', '내역'으로 나누어진 표를 이용해 기술합니다. 예산이 필요한 경우 반드시 이 항목이 들어가야만 품의서의 설득력을 높일 수 있습니다. 다만 비용과 관계없는 품의인 경우 이 항목이 없어도 됩니다.

(4) 기타

회사에서 HTML 기반 전자결재 시스템을 활용하고 있는 경우에는 먼저 일반 워드프로세서로 품의서를 작성한 후 시스템에 복사해 붙이면 좀 더 깔끔한 느낌을 줄 수 있습니다.

다음 페이지의 그림은 필자가 과거 한 회사의 인사팀에서 일할 때 작성했던 품의서 사례입니다. 참고로 필자는 이 품의서를 통해 새로운 업

:: 품의서 작성사례

품 의 서

문서 번호	4220 -	결재	팀 장	담당임원	사장
품의 일자	20XX.XX.XX.				
결재요청일	20XX.XX.XX.				
결 재 일	20XX. . .				
품 의 팀	인재개발팀	합의			
기안자(Tel)	○○○ (#8218)				
제 목	20XX 년도 PM 교육 품의				

20XX 년 PM 교육을 아래와 같이 품의합니다.

= 아 래 =

1. 교육 목적
 · 프로젝트 관리에 대한 개념 및 주요 도구 및 기법에 대한 이해를 도모하여, 프로젝트 관리자로서의 기본능력을 배양
 · 일정관리, 비용관리 등 프로젝트 관리의 기본이론을 습득함으로써 프로젝트 성공률 향상 도모
 · PMP(Project Management Professional)자격증 시험준비와 PM 실무적용 기초능력 배양

2. 교육 개요

구 분	강 사	교 육 기 간	교육시간	회수	인원	교육대상	교육장소
PM 양성 과정	○○○	4/9(월)~12(목)	32H	1 회	20 명	과장급 이상 (예비 PM)	10 층 2 강의장
PMP 자격 취득과정	○○○	6/4(월)~7(목)	32H	1 회	20 명	PM 양성과정 및 PM 기초과정 수료자	

 · PM 양성 프로세스 : PM 양성과정→PMP 자격취득과정(예비 PM Pool 조성)→PMP 취득→PM 발령(PM OJT)
 · PMP 자격과정 실시 후 2 개월 안으로 수강생 PMP 자격취득 독려
 (자격취득자 20XX 년도 사내강사 활용, PM 보직 발령 시 선발요건화 추진)

3. 예산 : 총 13,810 천원

항목	금액	내역
① 사외강사료	11,800	시간당 200천원 ×59시간
② 사내강사료	90	18천원 ×5시간
③ 교재비	1,600	20천원 ×80부
④ 교육운영비	320	음료 및 문구
합계	13,810	
고용보험환급예상	6,905	
실소요예산	6,905	

첨 부 : 강의계획서 각 1 부. 끝.

주무팀 : 기획팀 버전 : 1.02 서식번호 : T-A-02

무를 맡게 되는 경험을 하기도 했습니다. 당시 회사에서는 교육비에 대한 통제가 심한 편이었는데, 필자는 노동부환급제도를 이용하면 비용

이 상당히 줄어들 것이라는 발상으로 품의서를 작성했습니다. 특히 '실소요예산'이라는 항목을 만들어 비용절감 효과를 강조함으로써 경영진을 설득하는 데 성공했습니다. 그리고 그때까지 일반 인사업무를 담당하던 필자는 이 일을 계기로 회사의 교육을 담당하는 일까지 맡게 됐습니다. 현재 필자가 인사·교육분야 업무전문가이자 강사, 저자로서 활동하고 있다는 점을 생각해보면, 품의서 하나로도 인생의 경로가 바뀔 수 있구나 하는 생각이 듭니다. 여러분도 이러한 사실을 염두에 두고 자신이 만드는 모든 산출물에 최선의 노력을 기울이기를 바랍니다.

05

정보 집중력을 높이는 파워포인트 문서 작성법

퇴근 무렵 인사팀 동기 한연수 씨에게서 문자메시지를 받은 명석 씨.

'명석아, 퇴근하기 전에 인사팀에 들러줄래. 부탁할 게 있어서….'

메시지를 받은 명석 씨는 특별한 약속도 없는 김에 동기의 부탁을 들어주고 술이나 한 잔 얻어먹을 생각으로 인사팀으로 향했다.

"무슨 일인데, 그래?"

"어, 내년 신입사원 교육자료를 파워포인트로 만들었는데, 뭐가 마음에 안 드시는지 대리님이 계속 다시 해오라고만 하시는 거야. 나름 잘 꾸몄다고 생각했는데…. 네가 객관적인 시각에서 한 번 봐줬으면 해서."

"신입사원 교육자료라…. 우리도 드디어 후배를 받는다는 말이네. 와, 감개가 무량하다."

그렇게 말하며 연수 씨에게서 자료를 넘겨받은 명석 씨. 깔끔하게 정리된 파워포인트 자료를 한 페이지씩 넘겨가며 세심하게 살펴본다. 명석 씨는 그렇게 두 번에 걸쳐 자료를 훑어보더니 뭔가 알았다는 듯 고개를 끄덕이며 연수 씨를 쳐다본다.

"내가 온갖 설움을 받으며 배운 걸 공짜로 알려주기 아깝기는 하지만, 너니까 내가 선심 쓴다. 대신 오늘 저녁은 네가 쏴야 돼. 내 생각엔 네가 만든 자료가 화려해보이기는 한데, 메시지 가독성이 떨어지는 것 같아. 저번에 1페이지 보고서 만들면서 세한 선배한테 배운 건데, 파워포인트 문서에 헤드라인이나 헤드 메시지를 달면 메시지 전달효과가 좋아진다고 하더라고. 그러니까 이렇게 장표에 꽉 차게 만든 그래프를 조금 줄여서 밑으로 내리고 그 위에 핵심메시지를 2~3줄로 압축해서 넣으면 어떨까?"

명석 씨는 이렇게 말하며 연수 씨 컴퓨터 화면에 열려 있는 파워포인트 파일을 직접 수정해본다. 간단한 수정 후, 연수 씨가 바뀐 형태를 보며 감탄사를 연발한다.

"와, 정말 느낌이 확 다르네! 솔직히 기대감 없이 부탁했는데 완전 감동이다! 깨지면서 배운다더니 그게 딱 명석이 네 얘기구나!"

동기의 칭찬에 어깨가 으쓱하면서도, 한편으로 '기대감 없었다'는 표현에 기분이 상해 비싼 저녁을 얻어먹겠다고 다짐하는 명석 씨다.

멘토의 조언

회사에서 중요한 기획 보고서나 규모가 큰 정책기획 사항 등을 작성할 때는 주로 파워포인트 문서를 활용합니다. 그런데 회사에서 일반적인 업무를 할 때는 대부분 MS 워드나 아래한글로 문서를 작성하다 보니, 간혹 파워포인트로 문서를 작성하는 일이 어렵다고 생각하는 사람들이 있습니다. 하지만 어떤 프로그램을 사용하든 문서를 만드는 기본 요건이나 원리는 동일하므로 크게 걱정할 필요가 없습니다. 그럼 파워포인트 문서를 작성하는 핵심원리에 대해 알아보겠습니다.

파워포인트 문서를 만드는 데 있어서 가장 많이 하는 실수 중 하나가 바로 사례의 연수 씨처럼 지나치게 '화려함'과 '자료 보여주기'에 집착하는 경우입니다. 문서를 통한 커뮤니케이션의 핵심은 원하는 목표와 그 목표를 달성하기 위한 메시지 작성 및 전달능력에 있습니다. 그런데 연수 씨처럼 파워포인트 문서를 만들 경우 멋지고 보기 좋을지는 모르지만, 정작 중요한 메시지가 각 페이지별로 연결되지 않거나, 한 페이지에 지나치게 많은 정보를 담음으로써 보고를 받는 사람이 어떤 정보에 집중해야 할지 모르게 됩니다.

이러한 경우에 내릴 수 있는 처방은 '파워포인트 문서에는 반드시 헤드라인을 달아라'입니다. 특히 문서 1페이지에 1개의 메시지만 담았을 때 가장 설득력이 강해집니다. 이처럼 파워포인트 문서에 헤드라인을 달 때는 다음과 같은 방법을 활용합니다.

우선 A4지에 파워포인트 문서에 담을 전체 목차를 정리합니다. 그리고 그렇게 정리한 목차별로 약 2줄 정도의 핵심적인 메시지를 작성한 후, 해당 메시지를 다음 페이지의 그림과 같이 배열합니다.

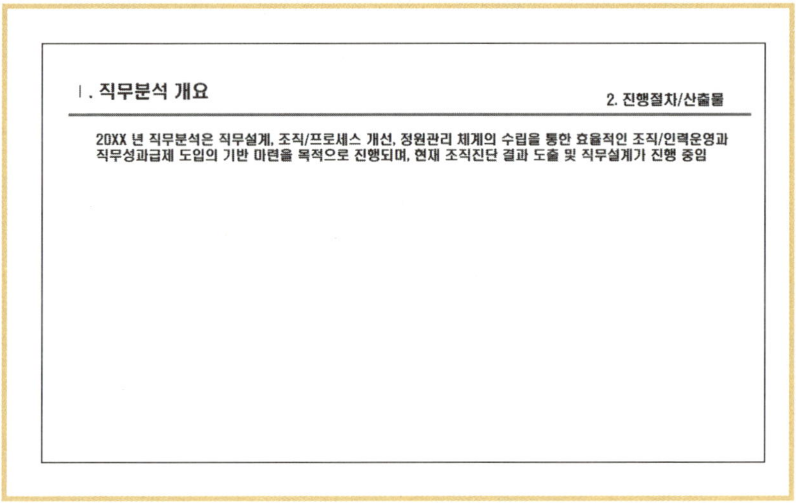
Ⅰ. 직무분석 개요
2. 진행절차/산출물
20XX 년 직무분석은 직무설계, 조직/프로세스 개선, 정원관리 체계의 수립을 통한 효율적인 조직/인력운영과 직무성과급제 도입의 기반 마련을 목적으로 진행되며, 현재 조직진단 결과 도출 및 직무설계가 진행 중임

그리고 헤드라인 하단에는 그러한 헤드라인에 맞는 도표나 그래프를 다음 그림과 같이 배치합니다.

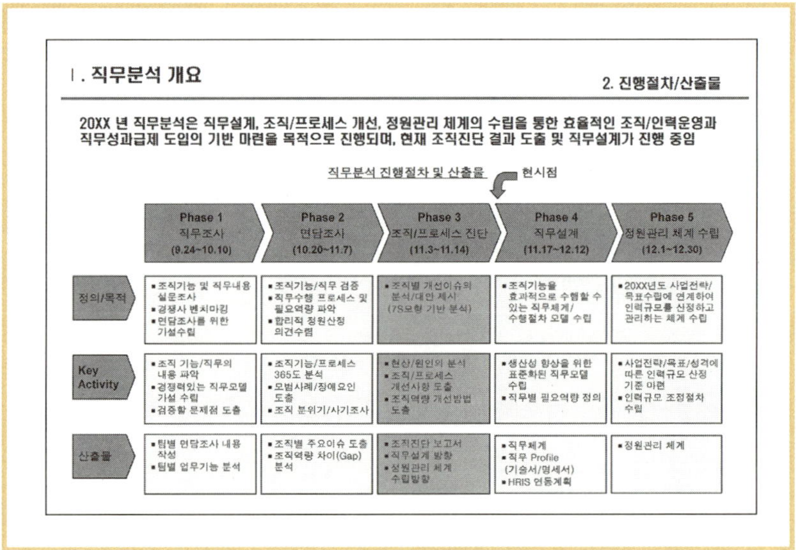

아주 단순한 방법이지만, 이것만으로도 문서를 구조화하는 효과를 얻을 수 있기 때문에 여러분의 파워포인트 문서작성 능력을 몰라보게 향상시킬 수 있습니다. 세계적인 컨설팅회사인 맥킨지에는 '1페이지 1메시지'라는 말이 있습니다. 프레젠테이션 자료 1페이지에 핵심적인 메시지를 하나의 헤드라인으로 요약해 달아줌으로써 보고를 받는 사람이나 청중의 집중도와 이해도를 높일 수 있음을 강조한 말입니다. 이처럼 헤드라인이 잘 작성된 프레젠테이션 자료는 설명하기 쉽고 가독성이 우수해집니다.

여러 페이지의 파워포인트 문서를 만들 때 흔히 하는 실수가 파워포인트 장표 하나하나를 꾸미는 데 집중하다가 전체적인 흐름이나 맥락을 놓치는 것입니다. 이러한 실수를 하지 않으려면 다음과 같은 순서를 따르는 것이 좋습니다.

① 우선 보고서의 제목을 정한다.
② 보고할 주제(제목)를 중심으로 목차를 정한다. 목차는 일반적으로 왜(Why), 무엇을(What), 어떻게(How), 얼마나(How much) 등의 내용이 잘 들어가 있어야 한다.
③ 목차마다 핵심메시지를 1~2줄로 요약해 각 장표에 옮겨 적는다.
④ 메시지에 맞는 도식, 표, 내용들을 메시지 아래에 배치한다.
⑤ 작성된 초안을 회의를 통해서 다듬는다.

파워포인트 문서를 만들 때 중요한 또 하나의 요소는 '속도'입니다. 보고 대상자가 회사 외부사람이라면 도식 등으로 꾸미는 데 신경 쓸 필요가 있겠지만, 보고 대상자가 회사 내부사람이라면 화려하게 꾸미기보다는 표 등을 활용해 작성속도를 높이는 것이 효과적입니다.

06 커뮤니케이션 효과를 높이는 이메일 작성법

오늘따라 선배들이 이것저것 잔일을 시키는 바람에 정신없는 하루를 보내고 있는 명석 씨. 그 와중에 고성대 대리가 명석 씨를 부르더니 업무를 지시한다.

"명석 씨, 어제 오후에 작성한 부서 협조문 있지? 그거 전 부서에 이메일로 보내줘. 회신해달라는 요청 빼먹지 말고!"

'팀장님 회의자료도 복사해서 정리해놓아야 하는데, 뭐부터 처리하지? 그래, 눈앞의 주먹이 무서운 법! 고 대리님이 지시한 일부터 얼른 처리하자.'

그런 생각으로 자리로 돌아와 이메일을 작성한 후 각 팀 담당자에게 전송을 마친 명석 씨. 생각보다 빨리 일을 끝냈다는 안도감을 느끼며 팀장이 맡긴 회의자료를 집어 들고 복사실로 향했다. 그런데 잠시 후 복사한 자료뭉치를 들고 사무실로 들어서는 명석 씨를 고 대리가 불러 세운다.

"명석 씨, 아무리 정신이 없어도 협조문도 첨부하지 않고 이메일을 보내면 어떻게 해! 게다가 내용은 이게 뭐야. 친구한테 보내는 이메일처럼 두서없는 내용에 인사말도 빼먹고. 잘 한다 싶으면 사고를 치니 내가 안심할 수가 없잖아!"

일이 생각보다 빨리 끝났다고 좋아했건만 결국 또 한 번 사고를 치고 만 명석 씨, 고 대리의 잔소리에 그저 꿀 먹은 벙어리처럼 고개를 숙이고 있을 뿐이다. 그렇게 잔뜩 주눅 들어있는 명석 씨의 모습이 안쓰러웠는지 고 대리가 목소리를 낮춰 조언을 해준다.

"내년이면 명석 씨도 선배역할을 해야 하니까 좀 더 집중해서 일을 처리해야 하지 않겠어? 내가 이메일이든 보고서든 기획서든 원칙은 똑같다고 얘기해줬잖아. 역지사지! 즉, 상대방 입장에서 핵심내용을 이해하기 쉽도록!"

부드러운 말투로 조언해주는 고 대리에게 감사함을 느끼면서도, 한편으로는 자신도 세한 선배처럼 후배들에게 좋은 멘토가 될 수 있을지 벌써부터 걱정이 앞서는 명석 씨다.

멘토의 조언

이메일은 인터넷의 발달과 함께 등장한 최고의 커뮤니케이션 도구입니다. 실제로 현재 회사에서 이루어지는 대부분의 보고, 업무연락, 회의록 회람 등을 이메일로 처리하고 있습니다. 이메일은 매우 빠르고 효과적이며 정확한 커뮤니케이션 수단임은 확실합니다. 하지만 자칫 사례의 명석 씨 같은 실수를 하게 되면 협업해야 하는 상대방의 기분을 상하게 하거나, 잘못된 정보를 제공하는 부작용이 생길 수도 있습니다.

이메일을 작성할 때 활용할 수 있는 핵심적인 팁 중에 하나는 이메일 내용에 1, 2, 3, … 등의 일렬번호를 붙이는 것입니다. 찰스 L. 데커(Charlie L. Decker)가 쓴 《P&G Power》라는 책을 보면 이와 관련한 사례가 나와 있습니다. 먼저 아래 메일은 P&G의 한 신입사원이 입사하기 전에 어머니에게 보낸 것으로, 서술형으로 기술하다 보니 무엇을 말하고 싶은지가 명확히 눈에 들어오지 않음을 알 수 있습니다.

어머니 전상서

이제 저는 이곳 신시내티에 있습니다. 끝에 t자가 2개 들어간 신시내티의 철자가 제대로 맞았는지 잘 모르겠어요. 제겐 철자를 제대로 맞추는 일이 영 체질이 안 맞는 것 같습니다. 숫자도 그렇구요.
내일이면 P&G에서 저의 첫 번째 하루가 시작됩니다. 경영대학원에서 쌓은 밑천으로는 정말 모든 것이 누워서 떡 먹기보다 쉬울 것 같아 보여요. 이 그룹에서 어떤 계열회사의 사장이 될지 그날이 하루빨리 오기를 손꼽아 기다립니다.
지금은 회사에서 인터뷰를 위해 마련해준 호텔에 머물고 있지 않아요. 회사에서는 제 스스로 살 곳을 찾아야 한다는군요. 아무도 저를 데리고 저녁 먹으러 나가 주지 않습니다. 분명히 제가 누군지를 잘 모르는 듯 싶습니다. 장담컨대 그것에 대해 후회할 날이 반드시 곧 올 것입니다!

사랑하는 아들 해럴드 올림

다음 메일은 같은 사원이 보고서에 대한 교육을 받은 후 작성한 것으로, 목적을 담은 헤드 메시지와 번호로 구성된 내용이 눈에 잘 들어온다는 사실을 알 수 있습니다.

송신 : 해럴드
수신 : 어머니
주제 : 개인적 발전

본 메일의 목적은 제 생애 가운데 최근에 얻게 된 발전에 대해 어머니께 전하고자 하는 것입니다.

– 배경 : 어머니께서 저를 낳아주신 지 약 24년 후 P&G에서 근무를 시작하게 됐습니다. 그 이후 저는 매일 3.2건의 새로운 경험을 축적해오고 있습니다.
– 근황 :
  1. 건강 : 피곤하지만 양호
  2. 사회활동 : 전주에 비해 50퍼센트 감소
  3. 메모작성 : 아이디어가 생기기 시작했다고 저의 브랜드 관리자가 말합니다.

– 후속조치 : 곧 다시 쓰겠습니다.

회사에서 이메일을 작성할 때 이런 식으로 번호를 매기는 방식을 활용하면 2가지 장점을 얻을 수 있습니다. 첫째 상대방이 빠르게 내용을 이해할 수 있고, 둘째 상대방이 회신할 때 각 번호별로 답신을 보낼 수 있어서 편리하다는 점입니다.

회사에서 이메일을 올바르게 사용하기 위해서는 다음과 같은 기본 지식을 숙지하고 있어야 합니다.

(1) 메일제목만으로도 내용을 알 수 있도록 한다

이메일 제목은 핵심만 간결하게 표현하는 개조식 문장으로 만들어야 합니다. 내용과 관계없는 엉뚱한 제목을 붙일 경우 상대방이 읽지 않을 위험도 있습니다. 이때 제목 앞에 [보고], [공유], [공지], [참고] 등의 머리말을 붙이면 더욱 효과적입니다.

(2) 인사말은 반드시 넣는다

몇 번의 회신이 오고가는 문서는 괜찮지만 처음 보내는 이메일에는 반드시 인사말을 넣어야 합니다. 간혹 사례의 명석 씨처럼 바쁘고 급하다는 핑계로 인사말 없이 이메일을 보내는 경우가 있는데, 이는 업무상 예의에 어긋나는 행동입니다. 특히 상사나 다른 조직 사람에게 보낼 때는 반드시 인사말을 넣어야 합니다.

(3) 가급적 앞쪽에 중요한 정보가 나오도록 기술한다

회사원들은 대부분 하루에 수십통씩 메일을 주고받는다는 점을 감안해 가급적 중요한 정보를 메일내용 앞쪽에 기술합니다. 필요에 따라 볼드체를 사용할 수는 있으나, 너무 많이 사용하면 오히려 가독성이 떨어진다는 점에 유의합니다.

(4) To와 Cc를 명확히 구분한다

'To(받는 사람)' 란에는 메일을 보고 의견을 줘야 하는 사람을, 'Cc(참조)' 란에는 해당 이메일을 참조해야 하는 사람을 넣습니다.

(5) '전체 회신'을 효과적으로 활용한다

만일 여러 명이 동시에 협업하는 경우라면 효과적인 정보공유를 위해 관련 이해관계자의 이메일 주소를 모두 넣어서 전체 회신을 보냅니다. 다만 특별한 보안이 필요한 경우에는 단독(일반)회신을 사용합니다. 이 때도 해당 이메일 내용을 참조만 하면 될 사람은 'Cc(참조)' 란에 넣어주면 됩니다.

(6) 최대한 많은 사람과 정보를 공유한다

비밀이나 보안사항이 아니라면 이메일의 참조(Cc) 란에 가급적 많은 이해관계자를 넣어서 정보를 빠르고 효율적으로 전파할 수 있도록 합니다.

(7) 첨부파일이 있을 때는 핵심내용을 간략히 요약한다

이메일에 첨부파일을 넣어서 보낼 때 해당 파일에 담긴 내용을 메일 내용에 간략히 요약해 기재해주면 파일을 열어볼 확률이 높아집니다.

(8) 메일을 보내기 전에 반드시 '받는 사람'을 재확인한다

간혹 바쁘게 여러 일을 하다가 이메일을 엉뚱한 사람에게 보내는 경우가 있습니다. 이때 중요하지 않은 사안이라면 다행이지만 만일 매우 중요하거나 특별한 보안이 요구되는 이슈에 해당하는 메일이라면 그야말로 끔찍한 일이 벌어집니다. 심한 경우 해고의 사유가 될 수도 있습니다. 따라서 이메일을 활용할 때는 반드시 일단 내용을 다 작성한 후 보내기 버튼을 누르기 전에 받는 사람을 입력하는 습관을 들여야 합니다.

다음은 지금까지 설명한 사항들을 적용해서 작성한 이메일 사례입니다. 이 메일내용과 위에서 설명한 사항들을 비교해서 살펴보면 여러분이 업무상 이메일을 활용하는 데 많은 도움이 될 것입니다.

From : 한연수
Sent : Tuesday, October 14, 20×× 1:38 PM
To : 박유식
Cc : 고성대; 장세한
Subject : [공유] ○○컨퍼런스 건

안녕하세요. 팀장님!

'20×× ○○컨퍼런스'가 이번 주에 진행될 예정입니다.
한 회사에 4명까지 참석 가능하다고 하며, 오늘까지 참석자 명단을 통보하기로 했습니다. 참석자에 대한 의견 부탁드립니다.
첨부파일로 올해 수상기업 명단을 공유해 드립니다.

1. 일시 : 20××. 10. 16(목) 10:00~16:45
2. 장소 : △△호텔 그랜드볼룸 (지하 1층)
3. 기타 : 회사별 참석자는 4명 이내

첨부 : 20××년 수상기업 명단 1부. 끝.

감사합니다. 좋은 하루 되십시오.

07

떨지 않고 막힘없이 구두보고를 잘하는 방법

월초 업무보고를 위해 고성대 대리를 도와 열심히 보고자료를 만들고 있는 명석 씨. 지난 며칠 간 야근까지 해가며 준비한 탓에 하품이 절로 터져 나왔다.

"하하, 젊은 사람이 야근 며칠 했다고 피곤해 하기는…. 명석 씨도 고생 많았어. 아, 그리고 팀장님이 출장 중이시라 내일은 내가 이사님께 보고하기로 했으니까, 명석 씨가 참조자료 들고 같이 들어가자고."

"예? 이사님 보고에 제가 들어가도 되나요?"

"그냥 그때그때 관련 자료만 찾아서 나한테 주면 되니까 괜히 떨지 말고."

다음 날 오전, 고성대 대리와 함께 보고를 하러 들어가서 영업이사 앞에 선 명석 씨. 정중하게 인사를 드린 후 영업이사와 눈도 마주치지 못하고 긴장을 하고 있다.

“자네가 영업지원팀 막내인가보군. 이름이 어떻게 되나?”

“예, 한명석입니다.”

“고 대리, 이 자료 명석 씨와 같이 만들었지? 그럼 명석 씨가 한 번 보고해보게. 영업지원팀 막내 실력이 어느 정도인지도 볼 겸 말이야.”

이사님의 지시에 화들짝 놀란 명석 씨. 고성대 대리에게 구원의 눈빛을 보내보지만, 고 대리도 이사님 지시라 어쩔 수 없으니 얼른 보고를 시작하라는 의미의 눈짓을 보낼 뿐이다.

“그럼 보고 드리겠습니다. 그러니까, 지난 달 영업지원팀의 핵심 추진사항은 신제품 홍보행사였으며, 이번 달에는 영업팀 지원업무를 핵심적으로 추진할 계획입니다. 그러니까, 관련 사항으로는….”

그렇게 10여 분에 걸쳐 떨리는 마음을 억누르고 명석 씨가 보고를 마치고 나자 영업이사가 흐뭇한 웃음을 지으며 쳐다본다.

“하하, 생각보다 훌륭하군. ‘그러니까’라는 말만 좀 빼면 더 좋을 것 같네. 그건 그렇고 지난 달 행사 때 예산문제로 문제가 좀 있었다고 하던데, 다음 행사 때 반영할 대안은 있나?”

갑작스러운 질문에 명석 씨가 말문이 막혀 쩔쩔 매자 영업이사가 재미있다는 표정을 지으며 말을 잇는다.

“하하, 대안 제시까지는 힘든 모양이군. 그래 아직은 무리겠지. 그럼, 그건 고 대리가 보고해주게.”

그 뒤로도 영업이사의 계속되는 질문에 막힘없이 술술 대답하는 고성대 대리의 모습을 보면서 한 없이 존경심이 우러나는 명석 씨다.

멘토의 조언

회사에서 보고로 인정받는 유형으로는 크게 2가지가 있습니다. 하나는 보고서는 정말 형편없으나 구두보고를 잘해서 인정받는 유형이고, 또 하나는 보고서에 엄청나게 공을 들여서 보고함으로써 인정받는 유형입니다. 그런데 후자의 경우 성질이 급한 상사를 만나게 되면 낭패를 겪을 수 있습니다.

보고는 문서로 하는 것이라고 오해하는 사람들이 많습니다. 그래서 공들여 보고서를 만들어서 보고를 했는데, 상사가 의외의 반응을 보이면 좌절감을 느끼곤 합니다. 필자가 실무적인 경험으로 느낀 사실은 '구두보고와 문서보고가 잘 배합이 되면 효과적이지만, 만일 문서가 완벽하지 않다면 차라리 구두보고에 신경 쓰는 편이 낫다'는 것입니다. 물론 문서보고에도 당연히 신경 써야 하지만, 둘 중 하나를 선택하라면 아무래도 구두보고에 중심을 두는 것이 보고의 성공확률을 높일 수 있다는 의미입니다.

회사에서 구두보고를 잘하려면 다음과 같은 5가지 요소를 숙지하고 있어야 합니다.

첫째, 효과적이고 간결한 메시지를 준비하고, 그에 대한 대안도 몇 가지로 압축해서 준비합니다.

둘째, 결론을 먼저 이야기한 후 부연설명을 합니다. 즉, 첫 메시지에서 결론을 잘 설명할 수 있어야 합니다. 만일 보고경험이 많지 않다면 첫 메시지는 외워서 보고하는 것이 좋습니다. 예전에 필자는 컨설턴트 출신 상무님을 모신 적이 있었습니다. 그분은 워낙 성격이 급해서 필자가 보고서를 가지고 보고하러 들어가면 보고서를 급하게 훑어보고 나서 "그러니까 뭐 하자는 건데?" 하고 채근하는 일이 많았습니다. 필자도 처음에는 놀란 마음에 말을 더듬기도 했지만, 그분의 성향을 파악하고부터는 항상 첫 질문에 대응할 핵심메시지를 외워서 보고에 들어갔습니다. 그러고는 그분이 "그러니까 뭐 하자는 건데?"라고 묻자마자 "네, 이렇게 하자는 내용입니다" 하고 직접적인 결론을 먼저 보고했습니다. 그리고 그 후에 그분이 필자에게 집중하면 순차적으로 보고서 내용을 설명하곤 했습니다.

셋째, 보고시 제안한 대안에 대한 장단점과 추천 대안에 대한 의견을 갖추고 있어야 합니다. 보고받는 입장에서 대안이 없는 보고는 의미가 없기 때문입니다.

넷째, 상사가 집중할 수 있도록 정확하고 명확한 발음으로 보고해야 합니다. 특히 사례의 명석 씨처럼 불필요한 말을 반복적으로 사용해서 상사의 집중을 방해하지 않도록 주의해야 합니다.

다섯째, 상사가 반론을 제시하면, 그 의견을 인정한다는 의사표현을 한 후 조심스럽게 자신의 의견을 밝힙니다. 이때 자신의 주장만 강조하면 절반의 성공도 거두기 어려운 경우가 많습니다.

이러한 5가지 요소를 잘 익힌다면 구두보고의 효과를 높일 수 있습니다. 다만 구두보고를 잘해서 상황을 잘 넘겼다 하더라도 문서작성 방법을 제대로 익히지 못한다면 이것도 결국 절반의 성공에 불과하다는 점을 잊어서는 안 됩니다.

08 시행착오를 최소화하는 중간보고의 핵심기술

고성대 대리에게서 영업지원 제도 개선을 위한 경쟁사 분석을 해보라는 지시를 받은 명석 씨. 열심히 분석자료를 만들고는 있지만 영 미심쩍은 부분이 있어 고민이다. 고민 끝에 장세한 씨에게 살짝 조언을 구한다.

"선배님, 고 대리님 지시로 경쟁사 분석자료를 정리해봤는데요, 대리님이 비교대상으로 지정하신 업체 중에서 우리 회사와 직접 비교하기에는 애매한 곳이 있어서요. 고 대리님이 잘못 선정했을 리는 없고, 어떻게 하면 좋을까요?"

세한 씨는 명석 씨가 정리한 자료를 잠시 검토해보더니 이렇게 조언을 해준다.

"내 생각에도 고 대리님이 착각하신 것 같아. 고 대리님한테 미리 말씀드리는 게 좋겠어."

"그래도 일단 자료분석까지 마무리한 다음에 말씀드리는 게 낫지 않을까요? 잘 알지도 못하면서 건방 떤다고 혼날 수도 있고…."

"에이, 그건 아니지. 혼나는 게 무서워서 말 못했다가 일을 처음부터 다시 하게 되면 노력이나 시간낭비가 얼마나 크겠어."

선배의 의견에 힘을 얻어 정리한 자료를 고 대리에게 들고 가서 자초지종을 설명한 명석 씨. 심각하게 자료를 읽어보는 고 대리의 미간이 흔들릴 때마다 혹시나 잔소리를 들으면 어떻게 하나 하는 걱정이 태산이다.

"명석 씨 생각이 정확했어. 내가 급하게 넘긴다는 게 엉뚱한 업체 자료를 준 것 같아. 하마터면 명석 씨가 두 번 고생할 뻔했네. 내가 이메일로 자료 다시 보내줄게. 좋은 지적이었어, 고마워."

떨리는 마음으로 의견을 제시했다가 고맙다는 말까지 들은 명석 씨는 문득 이런 생각이 든다.

'상사의 지시라고 무조건 진행하는 게 대수는 아니구나.'

멘토의 조언

중간보고의 중요성을 인지하지 못하는 회사원들이 의외로 많습니다. '최종 보고를 통해 좋은 평가를 받으면 된다'는 잘못된 생각을 가지고 있기 때문이지요. 심지어 중간보고를 해야 하는지조차 모르는 경우도 있습니다. 하지만 중간보고 없이 최종 보고를 하는 것은 매우 어리석은 행동일 수 있습니다. 상사와 조율하는 과정 없이 일을 진행할 경우 시행착오로 인해 일 전체를 그르칠 위험이 있고, 자칫 상사 입장에서 '결과를 받아들여라' 하는 의미의 강압감을 느끼게 할 수도 있기 때문입니다. 당연히 상사 입장에서 기분이 좋을 수가 없겠지요.

예를 들어 상사가 너무 바쁜 나머지 별 고민 없이 부하직원에게 업무지시를 내렸다고 가정해보겠습니다. 그런데 만일 부하직원 입장에서 상사의 지시대로 일을 진행했을 경우 결과가 좋지 못할 것으로 판단된다면 어떻게 해야 할까요? 먼저 '상사의 지시니까 일단 따르자'라는 생각으로 일을 진행한 후 그 결과물을 그대로 보고하는 사람이 있을 것입니다. 이런 경우 "자네는 생각도 없나?"라는 핀잔을 들을 가능성이 큽니다. 물론 "지시하신 대로 진행했습니다"라고 대응할 수는 있겠지만, 그렇다고 상사의 부정적인 인식이 사라지지는 않습니다.

물론 부하직원 입장에서 상사의 지시가 잘못 됐더라도 그 자리에서 바로 오류를 지적하기는 쉽지 않습니다. 그래서 중간보고가 더욱 필요한 것입니다. 이런 경우에 일단 일을 진행하되, 자료와 정보를 수집·분석해 개괄적인 방향이 나왔을 때 다음과 같은 방식으로 중간보고를 하면 일을 진행하기가 훨씬 수월해집니다.

"팀장님! 지시하신 사항을 검토해보니 몇 가지 이슈가 있어서 논의를 드리려고 합니다. 제가 분석해보니 이런 방향일 때는 이런 문제가, 저런 방향일 때는 저런 문제가 있으므로 이렇게 진행하면 어떨까 싶습니다."

이런 식으로 중간보고를 하면 일의 방향성을 바로잡을 기회와 상사에게서 긍정적인 평가를 받을 기회를 동시에 얻을 수 있습니다. 이밖에도 중간보고를 통해 여러분이 얻을 수 있는 장점은 많습니다. 그렇다면 중간보고를 어떻게 하면 가장 효과적이며, 그로 인해 어떤 장점을 얻을 수 있는지 살펴보겠습니다.

(1) 일의 진척도와 이슈에 대해 주기적으로 보고한다

만일 여러분이 일을 진행하면서 중간보고를 하지 않으면 상사는 궁금한 마음에 계속해서 일의 진행사항을 확인할 것입니다. 순한 상사는 답답하지만 참을 것이고, 독한 상사는 큰소리로 채근할 수도 있습니다. 반면에 중간보고를 통해 일의 진척도와 이슈를 주기적으로 보고하면 이러한 일이 생기지 않습니다. 한마디로 중간보고는 여러분이 업무진행의 자율성을 확보하는 효과적인 수단이 됩니다. 이때 간트차트(186페이지 그림 참조)를 이용해 중간보고를 하면 상사에게서 더욱 강한 신뢰감을 얻을 수 있습니다.

(2) 상황이 급변했을 때는 긴급하게 보고한다

일을 진행하는 과정에서 내·외부환경의 변화 등으로 방향을 급하게 수정·변경·폐기해야 하는 경우에는 긴급하게 보고를 해야 합니다. 혼나는 게 두려워서 미루다가는 큰 사고로 이어질 수 있기 때문에 이럴 때는 바로 전화나 구두로 보고하는 것이 중요합니다. 이러한 보고는 시점을 놓치면 큰 낭패를 겪을 수 있으므로 특히 주의해야 합니다.

(3) 상사의 지시가 이상할 경우 일정 기간 고민한 후 중간보고를 통해 방향을 수정한다

앞에서도 언급했듯이 상사의 지시가 올바르지 않다고 생각되더라도 그 자리에서 지적하기 보다는, 일정 정도 시간을 두고 중간보고를 통해 의견을 구하는 방식이 바람직합니다. 이 방식을 잘 활용할 수 있으면 어떤 상사를 만나더라도 보고에 성공할 수 있습니다. 상사는 신이 아니기 때문에 처음 지시가 완벽하다고 생각하는 것은 더욱 금물입니다. 상사도 이것저것 업무에 열중하다 보면 이상한 지시를 내릴 수 있습니다. 이때 성품이 좋은 상사는 부하직원이 잘못된 부분을 제시했을 때 '그럴 수도 있겠군. 다시 고민해봐야겠는데…'라고 생각하겠지만, 분노기질이 있거나 다혈질 또는 고집이 센 상사라면 "해보지도 않고 왜 안 될 거라고 하나" 하고 질책할 가능성이 큽니다. 이럴 때는 우선 상사의 지시를 잘 경청하고 우선 진행해보겠다는 의사를 밝힌 후 일정 정도 시간을 둘 필요가 있습니다. 그리고 어느 정도 시간이 흐른 뒤에 상사를 만나서 "일을 진행하려고 고민해봤는데 이런 이슈들이 있습니다. 어떻게 하면 좋을까요?" 하고 묻는 방식이 가장 좋습니다. 이럴 경우 상사 입장에서도 부하직원이 시간을 들여 자신의 지시를 검토했다는 사실을 인지해서 차분하게 받아들일 수 있습니다.

(4) 항상 복수의 대안을 고민한다

하나의 대안을 정해 강하게 주장하는 방식도 좋지만, 상사 입장에서는 아무래도 부하직원이 상황을 넓게 보고 판단해주기를 바랍니다. 따라서 몇 가지 대안의 강·약점을 분석해 보여주면서 가장 효과적인 대안을 제안하는 식으로 보고하면 그 의견을 지지해줄 확률이 높습니다.

(5) 완성되지 않은 초안의 보고서로 보고한다

중간보고 없이 완성된 보고서를 제출했다가 상사와 방향성이 맞지 않는다면 보고서 틀 자체를 수정해야 하므로 그야말로 낭패입니다. 따라서 콘셉트가 잡히고 보고서의 방향이 일정 수준 구성된 상태에서 먼저 중간보고를 하는 것이 좋습니다. 이때 그것이 초안이며 최종적으로 어떤 식으로 보고하겠다는 의견을 밝혀야 합니다. 개요와 목차 정도만 잡힌 상태에서 보고를 해도 괜찮습니다. 이럴 경우 보고서의 완성도가 떨어진다는 것 정도는 상사 입장에서 충분히 이해할 수 있습니다. 특히 이런 식으로 중간보고를 하면 최종 보고의 방향이 구체화되므로 일의 진행속도를 획기적으로 높일 수 있습니다.

5장

업무효율을 높이는 몰입과 시간관리 기술

01

'지금!'을 활용한 마음 리셋 집중법

구내식당에서 배식순서를 기다리다 동기 서은영 씨를 발견한 명석 씨. 재빨리 식판을 채워서 은영 씨 맞은 편 빈자리에 자리를 잡는다.

"와, 은영 씨 오랜 만이네요. 지난번에 업무실수 때문에 옥상에서 속상해하는 거 보기는 했는데, 무안해 할까봐 아는 척 안 했어요. 요즘에는 잘 지내고 있는 거죠?"

"고마워요. 저도 그때는 제가 너무 한심하게 생각돼서 명석 씨가 아는 척 했으면 더 창피했을 거예요. 요즘도 여전히 실수투성이지요 뭐. 그런데 우연히 만난 학교 선배님이 해주신 조언을 듣고 자신감을 얻게 됐어요."

자신감을 얻었다는 은영 씨의 말에 귀가 솔깃해진 명석 씨. 실수투성이라는 점에서 자기도 별 다를 게 없다 보니 왠지 은영 씨의 선배가 해준 말이 무엇인지 궁금해진다.

"학교 선배가 무슨 말을 해주셨기에…?"

"아, 선배가 큰 기업 교육팀장을 맡고 있는데요, 나 같은 사원한테 항상 하는 말이 있대요. 컴퓨터에 여러 화면을 띄워놓으면 속도가 느려지는 것처럼, 사람도 생각이 너무 많으면 몰입도가 떨어진다고요. 또 과거는 지나갔고 미래는 아직 오지 않았으니, 오직 이 순간에 집중하라는 말도 해주셨어요. 왠지 멋진 말 같지 않아요?"

"그러고 보니 저도 언젠가 직장인이 업무에 몰입하는 시간이 2~3시간에 불과하다는 말을 들은 적이 있어요. 그만큼 몰입이 힘들다는 얘기겠죠?"

그 뒤에도 은영 씨는 대학 선배에게서 들은 다양한 자기계발 방법과 업무실수를 줄이는 집중법 등을 재잘재잘 이야기해줬다. 하지만 고개를 끄덕여 가며 그 이야기를 들으면서도, 일단 은영 씨와 마주앉아 점심을 먹는 지금 이 순간에만 몰입하고픈 명석 씨다.

멘토의 조언

사람은 누구나 실수를 할 수 있습니다. 그렇다고 안절부절 못하고 실수를 만회하기 위해 서두를 경우 자칫 다른 일에도 부정적인 영향을 끼칠 수 있습니다. 이럴 때 효과적으로 활용할 수 있는 것이 홍익학당 윤홍식 대표가 제시한 마음 리셋법입니다. 이 방법의 핵심은 한 가지 생각에 집중함으로써 다른 생각들을 자연스럽게 내려놓는 데 있습니다.

다시 말해 한 가지 특정 키워드를 머릿속에 가득 채움으로써 잡념이 사라지고 마음이 리셋되는 원리를 의미합니다. 예전에 한 수도자는 아침에 일어나면 자신을 '주인공'이라고 부르고 다시 '네' 하고 답하기를 계속했다고 합니다. 이 역시 '주인공'이라는 한 가지 키워드를 머릿속에 채움으로써 마음을 리셋시키는 방법 중 하나라고 볼 수 있습니다.

필자는 '지금!'이라는 키워드를 사용합니다. 현재에 집중하자는 의미이지요. 또 '감사합니다'라는 키워드를 쓰는 사람도 있습니다. 이 키워드는 단어 자체에 담긴 뜻이 좋기 때문에 마음 리셋과 함께, 행복감을 느끼게 해주는 호르몬인 세로토닌을 잘 나오게 할 수도 있습니다. '배려', '절제', '용기' 등 자신이 품고 싶은 교훈을 키워드로 삼는 방법도 좋습니다. 핵심은 때에 맞지 않는 생각, 즉 '잡념'에 대한 관심을 끊는 데 있는 것이지요. 과거는 이미 사라졌고, 미래는 아직 오지 않았습니다. 과거에 얽매인 생각인 아쉬움은 지금 필요한 생각이 아닙니다. 마찬가지로 미래에 대한 두려움 역시 지금 필요한 생각은 아닙니다. 오직 '지금 이 순간' 자신이 할 수 있는 일이 무엇인가에 집중하는 것이 중요합니다.

마음을 리셋하는 데 활용하기 제일 좋은 키워드는 윤홍식 대표의 저서 《내 안의 창조성을 깨우는 몰입》에 제시된 '모른다!'입니다. 마치 계산기를 리셋할 때 누르는 C 버튼처럼 키워드 속에 'Clear'의 뜻이 들어 있기 때문입니다. 그럼 간단한 실습을 해보겠습니다. 아래의 3가지 질문에 강하게 '모른다'라고 대답해보십시오.

① 여기가 어디지? ② 지금 몇 시지? ③ 내 이름이 뭐지?

여러분이 강하게 '모른다'라고 대답하는 순간 한 번에 마음 리셋이 되었을 것입니다. 더 간략하게 세 번째 질문에만 대답해도 좋습니다. 이런 마음 리셋법을 하루에 수차례 하다 보면 마음이 선명하게 깨어남을 느낄 수 있습니다. 다음은 지금까지 설명한 키워드를 활용해 마음 리셋을 이루는 방법을 정리한 것입니다.

- 우선 어떤 대상에 가볍게 시선을 고정시키고 눈동자에 초점을 잡는다. 물건도 좋고 경치도 좋고 허공도 좋다.
- 이 상태에서 마음속으로 '지금!', '모른다!' 등 좋아하는 키워드를 선언한다.
- 이후 잠깐 동안 느껴지는, 별 생각은 없는데 또렷한 상태를 즐긴다.

잡상인과 말을 섞다 보면 계속 말꼬리를 붙잡혀서 고생하는 경우가 많습니다. 마찬가지로 잡념은 우리 머릿속에 틈만 생기면 계속해서 밀고 들어오는 특성이 있기 때문에 단호하게 '나는 모른다!'라고 무시해버려야 마음 리셋을 할 수 있습니다. 컴퓨터 화면에 많은 창을 띄워놓으면 성능이 떨어지고 장애가 발생하듯이, 마음의 잡념이 많으면 집중력이 떨어질 수밖에 없습니다. 따라서 우리 마음이 항상 최상의 상태를 유지할 수 있도록 수시로 잡념을 날려버리는 노력을 해야 합니다. 중국 송나라의 유명한 철학자였던 주자(朱子) 역시 마음관리의 핵심을 '자주 일깨우는 것'이라고 했습니다.

세계적인 리더십의 권위자인 로버트 퀸(Robert E. Quinn) 박사는 《하이퍼포먼스 조직》이라는 책에서 훌륭한 리더는 중요한 난제에 부딪쳤을 때 가끔 다른 의식수준에 접속될 때가 있는데, 이 상태를 '리더십의 근원적 상태'라고 정의했습니다. 리더가 이 상태에 이르면 이기적인 마음을 떠나 모두의 이익을 생각하고 개방적이 되며, 남을 의식하기 보다는 자신의 가치에 따르고 도전적이 된다는 것입니다. 이러한 리더십의 근원적 상태를 다른 말로 '몰입상태'라고 표현할 수 있습니다.

또한 조선 중기의 대표적인 학자인 남명 조식 선생은 항상 방울을 차고 다니며 방울소리가 들리면 계속 정신을 일깨웠다고 합니다.

다시 한 번 강조하지만 이미 지나간 실수는 되돌릴 방법이 없습니다. 우리가 할 수 있는 일은 똑같은 실수를 반복하지 않도록 최상의 집중상태로 업무에 임하는 것뿐입니다. 지금까지 설명한 마음 리셋법이 그러한 집중상태를 유지하게 해줌으로써 여러분이 최고의 업무성과를 만드는 데 도움을 줄 것입니다.

02 일의 속도와 효율을 높이는 할 일 목록 작성법

회사 사정으로 영업지원팀 팀원 일부가 고객서비스팀으로 파견을 가는 바람에 일이 더욱 늘어난 명석 씨. 퇴근시간이 한참이 지나서야 가까스로 할 일을 마무리하고 퇴근길 지하철에 몸을 싣는다.

'요즘엔 정말 시간이 쏜살같이 지나간다는 말이 실감이 나는 것 같아. 그런데 이것저것 지시한 일을 다 처리하기는 한 것 같은데, 왠지 찜찜한 느낌이 드는 건 기분 탓이겠지. 아, 피곤하니까 자고 싶다는 생각밖에 안 든다.'

다음 날, 달콤한 아침잠에 빠져 아침도 챙겨먹지 못하고 회사에 출근한 명석 씨. 먼저 출근해 앉아 있는 고성대 대리를 보는 순간 어제 할 일 중 고 대리가 지시한 일 하나를 빠뜨렸다는 사실이 불현듯 생각났다.

'아이고, 빠뜨릴 일이 따로 있지. 왜 하필이면 고 대리님이 지시한 일

이 생각이 안 났을까.'

그런데 천우신조인지, 마침 고 대리가 급한 회의가 있다면서 자리를 비웠다. 불행 중 다행이라는 생각으로 명석 씨가 그 틈을 노려 급하게 고 대리가 지시한 일을 시작하려는데 장세한 씨가 어깨를 툭툭 치며 말을 건넨다.

"명석 씨, 또 할 일 까먹었나 보구나. 그러게 아무리 바빠도 아침에 할 일 목록부터 작성하라고 이야기했건만…. 선배의 소중한 조언을 무시하더니 아주 잘 하고 계십니다."

명석 씨는 선배의 놀림에 얼굴이 빨개지면서도 애써 기어들어가는 목소리로 변명을 해본다.

"선배님 조언을 까먹은 건 아니고요, 갑자기 일이 너무 많아지니까 목록 작성할 시간도 아깝다는 생각이 들어서…."

"이 친구야, 커피 한 잔 마실 시간이면 충분한 일인데 시간이 아깝기는 뭐가 아까워. 그 시간에 얼마나 많은 일을 한다고. 자고로 선배 말 무시해서 크게 된 사람을 본 적이 없어요. 앞으로 지켜보겠어~!"

30분 후면 고 대리가 돌아온다는 생각으로 급하게 일을 처리하면서, 오늘따라 선배의 조언이 뼈저리게 다가오는 명석 씨다.

멘토의 조언

일하는 방식이 서툰 사람들은 보통 계획을 안 세우고 바로 일을 시작하는 경우가 많습니다. 계획을 세울 시간에 일을 조금이라도 더 하는 편이 낫다고 생각하거나, 계획을 어떻게 세워야 할지 몰라서 그러는 경우도 있습니다. 하지만 계획을 세우고 나서 일을 하는 사람과 그렇지 않은 사람의 성과는 분명한 차이를 보입니다. 심지어 2~3배 이상의 차이를 내는 경우도 많습니다. 계획을 세우고 나서 일을 했을 때 얻을 수 있는 장점은 다음과 같습니다.

첫째, 계획을 세운 다음 일을 하면 하나의 일이 마무리된 다음 '다음에 뭘 해야 하지' 하고 고민하는 시간낭비가 없습니다. 반면에 계획 없이 일하는 사람은 이것도 했다가 저것도 했다가 하는 식으로 좌충우돌하는 과정에서 정작 중요한 시간을 낭비하는 경우가 많습니다.

둘째, 사전에 계획을 세워놓으면 일을 진척하는 과정에서 예상 못한 변수가 발생하더라도 당황할 일이 없습니다. 그 변수를 감안해 당초의 계획을 조정해주면 다음 과정을 어떻게 진행해야 할지에 대한 해결책이 자연스럽게 생기기 때문입니다.

셋째, 사전에 계획을 세워놓으면 자신의 업무를 수시로 모니터링할 수 있습니다. 이럴 경우 상사에게 중간보고를 할 때도 일의 진척사항과 남은 일정 등을 명확히 전달할 수 있기 때문에, '안심하고 일을 맡길 수 있는 사람'이라는 인식을 심어줄 수 있습니다. 또한 사전에 예상되는 문제를 파악해 보고하면 적절한 지원도 받을 수 있기 때문에 일의 성공확률도 올라가게 됩니다.

회사에서 하는 일에는 대부분 목표일정(데드라인)이 정해져 있습니다. 만일 사례의 명석 씨처럼 해야 할 일 목록을 작성하지 않고 막무가내식으로 일에 뛰어들면 중간에 중요한 일을 빼먹는 경우가 발생합니다. 이런 경우 결국에는 이러지도 저러지도 못하고 데드라인을 코앞에 두

게 되는 상황이 벌어질 가능성이 큽니다.

회사생활 초기에 반드시 습관화해야 할 일 중 하나가 바로 매일 아침에 할 일 목록을 작성하는 것입니다. 이때 목록을 시간대별로 작성하면 일의 효율이 떨어질 위험이 있습니다. 정해진 시간 안에 앞의 일을 처리하지 못하면 다음 일정이 꼬이게 되고, 이러다 보면 결국 일 자체를 포기할 수 있기 때문입니다. 이러한 일이 없게 하려면 시간 구분 없이 목록을 작성한 후 하나씩 체크해나가는 방식을 활용하는 것이 좋습니다. 여기에 우선순위를 정해서 중요한 일부터 처리해나가면 목표를 달성하기가 훨씬 쉬워집니다.

일정관리에서 무엇보다 중요한 것은 습관화입니다. 프랭클린플래너, 아웃룩, 수첩 등은 단지 일정관리를 위해 사용하는 도구에 불과합니다. 이런 도구를 쓰는 사람들을 보면 대부분 일주일 정도는 잘 활용하다가 시간이 지날수록 일정목록에 빈칸이 늘어납니다. 습관화가 안 돼 있기 때문이지요. 이러한 습관을 한 번에 만들 수는 없습니다. 귀찮고 번거롭더라도 매일 아침 일정을 작성하고 관리하는 과정을 수십 차례 반복해야 합니다. 이런 식으로 습관화가 되면 여러분 스스로 일의 속도나 효율이 훨씬 좋아진다는 사실을 느낄 수 있습니다.

일을 하는 여러분에게 주어진 가장 중요한 자원은 시간입니다. 그래서 때로는 계획이라는 부분을 소홀히 하기도 합니다. 하지만 급할수록 돌아가라는 말처럼 매일 아침 가장 기본이 되는 할 일 목록을 작성해 놓아야만 시간이라는 자원을 더 효율적으로 사용할 수 있고, 목표를 더 빠르게 달성할 수 있다는 사실을 잊지 말아야 합니다.

참고로 다음과 같이 스마트폰과 PC 간의 연동이 가능한 애플리케이

:: 스마트폰으로 할 일 목록 작성을 습관화하는 방법

- Any.do, 구글태스크 등 스마트폰과 PC 간 연동이 가능한 애플리케이션을 다운받아 활용한다.
- 업무를 하다가 할 일이 생기면 바로 스마트폰을 이용해 기록한다.
- Any.do의 계획수립 알림기능을 활용한다. 예를 들어 오전 8시 50분에 설정해놓으면 그 시간에 자동으로 알람이 울리기 때문에 매일 일과 전에 업무목록을 작성하고 관리하는 습관을 들이는 데 도움이 된다.

〈Any.do 초기화면〉

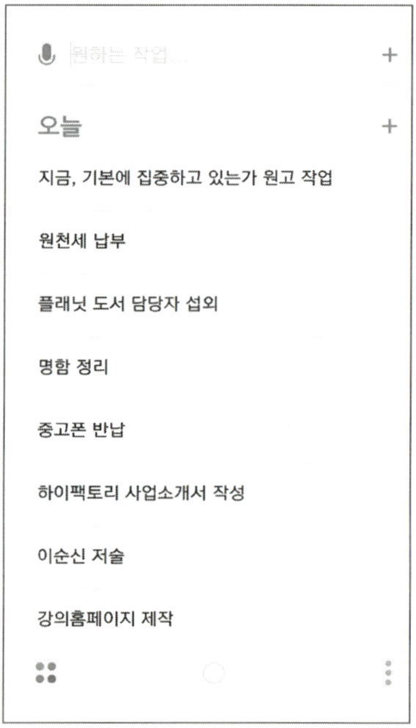

〈일정관리 화면〉

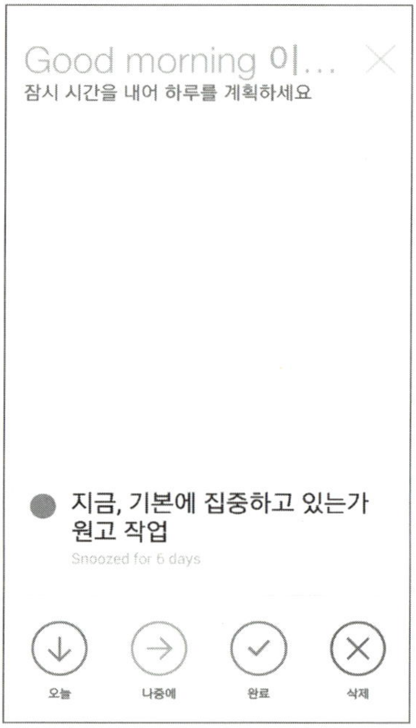

션을 다운받아 활용하면 할 일 목록 작성을 습관화하는 데 도움이 될 수 있습니다.

03

분할해서 정복해나가는 프로젝트 관리기법

점심식사를 마치고 자리에 앉아 커피를 마시던 명석 씨 눈에 장세한 씨가 엑셀 프로그램으로 무엇인가 열심히 만드는 모습이 들어왔다.

"선배님, 뭘 그렇게 열심히 만드세요?"

"응, 내가 이번에 내년 홍보전략에 관한 홍보팀 프로젝트에 참여하게 됐거든. 그쪽에서 나한테 일정관리를 맡아 달라고 해서 지금 간트차트를 만들고 있는 중이야."

'프로젝트'라는 말이 묵직하게 다가오는 명석 씨. 회사의 중요한 프로젝트에 참여한다는 선배가 왠지 부럽다는 생각이 든다. 명석 씨가 그런 마음으로 한동안 세한 씨가 일하는 모습을 넋 놓고 쳐다보자, 그런 시선이 부담스러웠는지 세한 씨가 잠시 일손을 놓고 말을 꺼낸다.

"명석 씨도 조만간 프로젝트에 참여할 일이 있을 거야. 내가 저번에 하루 일을 시작하기 전에 할 일 목록부터 만들어야 한다고 얘기했지? 간트차트를 만드는 이유도 똑같아. 프로젝트의 범위를 쪼개서 세부적으로 공정을 관리하면 중요사항을 빼먹을 위험도 없고, 전체 일정을 관리하기도 편리하기 때문이지."

명석 씨는 선배의 말을 듣고 보니 문득 똑같은 양념을 쓰지만 요리마다 다른 맛을 낼 수 있는 것처럼, 회사업무에서도 일을 잘하는 몇 가지 공통요인들이 결국 다양한 업무의 성과를 좌우한다는 생각이 든다.

'세한 선배나 고 대리님한테 하나하나 배우다 보니, 결국 회사원에게는 화려한 스펙보다는 기본기가 그야말로 필살기라는 생각이 들어.'

오늘따라 '기본에 집중한다는 것'이 생각보다 훨씬 어렵고 중요한 일임을 새삼 깨닫는 명석 씨다.

멘토의 조언

프로젝트는 매우 흔히 쓰이는 용어지만, 이 용어가 정확히 무엇을 의미하는지 알고 있는 사람은 드뭅니다. 미국 PMI(Project Management Institution)의 PMBOK(Project Management Body of Knowledge) 지침서에서는 프로젝트에 대해 이렇게 정의하고 있습니다.

① 시작과 끝이 정해져 있는 일
② 기존에 없었던 유일한 것을 만드는 일

예를 들면 인간을 달로 보내는 '아폴로 우주선 프로젝트', 새로운 에너지원을 발굴하는 '신재생에너지 개발 프로젝트' 등이 이러한 정의에 해당하는 프로젝트라고 할 수 있습니다. 이 지침서에서는 모든 일을 프로젝트와 오퍼레이션(Operation)으로 구분하고 있습니다. 쉽게 말해 신규기획 같은 업무는 프로젝트, 반복적인 운영업무는 오퍼레이션으로 규정하고 있는 것입니다.

하지만 필자는 회사에서 하는 모든 일이 프로젝트에 해당한다고 생각합니다. 아무리 반복적인 운영업무라 하더라도 그 안에는 반드시 개선하거나 변경해야 할 사항이 있기 때문이지요. 따라서 모든 업무는 프로젝트이고 그 프로젝트에 필요한 세부적인 일들은 서브(Sub) 프로젝트에 해당한다는 것이 필자의 생각입니다.

프로젝트는 그 결과가 성공과 실패로 분명히 구분됩니다. 또한 프로젝트에는 오직 성공한 관리자와 실패한 관리자만이 있을 뿐입니다. 프로젝트를 성공으로 이끌기 위해서는 프로젝트 관리에 대한 지식과 역량을 갖추어야 합니다. 참고로 요즘은 PMP(Project Management Professional)라는 국제자격증도 있는데, 이 자격증을 따려면 일정 기간 이상의 프로젝트 경력을 갖춰야 하지만, 미리 배워놓으면 많은 도움을 얻을 수 있습니다.

프로젝트 관리는 학문적으로 점차 정립되는 과정에 있지만 기본적인 개념은 다음과 같이 간단합니다.

① 일의 범위(목적)를 정하고(Scope Management),
② 일을 쪼개고(Work Breakdown Structure),
③ 쪼개진 일을 수행할 기간과 작업 간 선후관계 또는 병렬관계를 정해서,
(일정관리, 크리티컬 패스(Critical Path) 방법론)
④ 그 일의 진척도를 관리하면서 추진하는 것(일정 · 비용 · 품질 · 위험관리)

포괄적이고 막연한 계획으로는 프로젝트를 성공시킬 수 없습니다. 프로젝트를 추진할 때는 우선 그 프로젝트를 어떤 모습으로 완성시킬지를 구상하고, 거기에 필요한 일을 세부적으로 쪼갠 후, 그에 따른 일정을 부여해야 합니다. 이것은 소위 '분할해서 정복해나가는 방식'으로, 이 방식을 활용하면 프로젝트가 잘 진행되고 있는지, 얼마나 달성했는지를 수시로 확인할 수 있기 때문에 자신감과 집중력을 유지하며 프로젝트를 진행할 수 있습니다.

위의 개념설명에 나와 있듯이 프로젝트를 진행하는 데 있어서 일을 구조화되게 쪼개는 방식을 정식용어로 'WBS(Work Breakdown Structure)'라고 합니다. 이때 쪼개진 일의 최종 단위는 '워크 패키지(Work package)'라고 하는데, 보통 80시간 이내를 기준으로 합니다.

간혹 맡겨진 일의 규모가 너무 커서 두려움을 느끼거나 일을 중도에 포기하게 되는 경우가 있습니다. 이럴 때 프로젝트 관리기법을 활용하면 이러한 두려움 없이 일을 진행할 수 있습니다. 예를 들어 여러분에게 워크숍 준비라는 일이 맡겨졌다고 가정해보겠습니다. 이런 경우 먼저 워크숍 준비일정을 세부적으로 장소물색, 사전답사, 공지, 참가비 접수, 준비물품 구입 등으로 쪼갠 후 각 일정별로 목표기한을 정합니다. 그리고 각 일정별로 담당자를 따로 정해놓으면 여러분은 주기적으로

:: WBS 작성사례

Level 1	Level 2	담당자	단위일정
1. 기획	1.1 상위기획	박유식	3일
	1.2 상세기획	고성대	4일
2. 디자인	2.1 콘셉트수립	강미나	3일
	2.2 화면 디자인	서은영	5일
3. 개발	3.1 DB설계	장세한	5일
	3.2 서버개발	한명석	5일
	3.3 화면개발	이정도	5일
4. QA	4.1 QA설계	한영수	4일

일정별 달성도를 체크하고 조정해주기만 하면 되므로 쉽게 워크숍을 준비할 수 있습니다. 이것이 바로 프로젝트 관리기법의 강점입니다.

프로젝트 관리기법을 활용할 때는 다음 3가지 사항에 유의해야 합니다.

첫째, 프로젝트를 추진하다 보면 일의 범위(Scope)가 늘어날 때가 많으므로, 처음부터 결과물에 대한 이미지(Output image)를 명확히 구상해서 범위를 관리해야 합니다. 결과물에 대한 이미지가 부족하면 많은 시행착오를 겪을 수 있습니다.

둘째, 크리티컬 패스(Critical Path)를 항상 검토하고 관리해야 합니다. 프로젝트를 진행하다 보면 동시진행이 가능해서 여러 명이 나눠 할 수 있는 일도 있고, 하나의 과업이 끝나야 다음 과업을 진행할 수 있는 일도 있습니다. 이런 선후가 있는 과업들을 일렬로 배열하면 크리티컬 패스가 되고, 이 크리티컬 패스에 따라 전체 프로젝트의 기간이 정해집니다. 따라서 크리티컬 패스를 수시로 관리하지 않으면 그 안에 있는 하나의 과업 때문에 전체 프로젝트의 기간이 미뤄지는 결과가 생길 수 있습니다.

셋째, 전체 프로젝트에서 20% 정도의 과업이 남아 있을 때 특히 주의를 기울여야 합니다. 이 20%의 과업을 완성하기 위해 다시 80%의 시간이 걸리는 경우가 상당히 많기 때문입니다. 따라서 프로젝트를 완벽하게 마무리하기 위해서는 80%가 됐다고 안심하지 말고 마지막 20%의 과업에 많은 에너지를 집중해야 합니다.

여러분이 위와 같은 사항에 유의하며 프로젝트를 진행할 때 가장 효과적으로 활용할 수 있는 도구가 바로 사례의 장세한 씨가 이야기한 '간트차트'입니다. 간트차트는 세로축에 과업, 가로축에 일정이 표시되는 간단한 형태로 되어 있는데, 이 차트를 활용했을 때 얻을 수 있는 장점은 프로젝트의 현재 상황을 한 눈에 확인할 수 있다는 것입니다. 다음 페이지의 그림은 필자가 예전에 다녔던 회사에서 '회사의 주식보상 전략'이라는 프로젝트를 맡아 진행했을 때 작성한 간트차트입니다. 이처럼 간트차트를 작성해놓으면 프로젝트의 현황에 대해 중간보고를 할 때 매우 효과적으로 활용할 수 있습니다. 예를 들어 상사에게 중간보고를 할 때 간트차트를 제시하며 "현재 ○○단계가 진행 중이며 일정은 잘 지켜지고 있습니다. 사소한 이슈는 있지만 목표일정까지 프로젝트를 완료할 수 있습니다"라고 한다면 상사에게 안심하고 일을 맡길 수 있는 사람이라는 인식을 심어줄 수 있을 뿐 아니라, 궁극적으로 여러분의 역량을 인정받는 계기가 될 수도 있습니다.

Stock Incentive 부여 추진일정 계획

20XX.XX.XX/경영지원팀

구분	③ 담당자	④ 2월										3월																					
		16	17	18	19	20	23	24	25	26	27	2	3	4	5	8	9	10	11	12	15	16	17	18	19	22	23	24	25	26	29	30	31
① **1. Stock Incentive 부여 관계부서 협의**		■	■																														
2. 우리사주조합 설립 작업																																	
② 2.1. 구성원 동의서/조합가입신청서 접수									■	■																							
2.2. 조합 규약(안) 작성							■	■																									
2.3. 창립총회 의사록 작성							■	■																									
2.4. 우리사주관리 위탁계약 체결											■																						
2.5. 우리사주조합 설립 신고												■																					
3. Stock Incentive 제도 구성원 Comm.																																	
3.1. 비전/목표/실현효과 분석자료 작성	사업기획팀	■	■	■	■																												
3.2. 주당순자산가치 분석	재무팀	■	■	■	■																												
3.2. 구성원 Communication자료 종합					■	■																											
3.3. 구성원 Communication 실시									■	■	■																						
4. Stock Option 부여																																	
4.1. Stock Option 부여 대상자/물량 선정		■	■	■	■	■	■	■	■	■	■																						
4.2. Stock Option 부여 결의(이사회 개최)	사업기획팀													■																			
4.3. 주주총회 특별결의	사업기획팀																									■							
4.4. 부여대상자 계약서 작성																											■	■	■	■			
5. ESOP 부여																																	
5.1. 구성원 우리사주조합 가입 신청									■	■	■																						
5.2. 이사회 무상출연/유상증자 결의	사업기획팀													■																			
5.3. 구성원 배정주식 공지/청약접수																■	■	■															
5.4. 실권주 재 청약접수																			■	■													
5.5. 구성원 주금입금(우리사주조합계좌)																					■	■											
5.6. 무상대부금 대여	재무팀																					■											
5.7. 회사계좌 주금납입(청약일)																							■										
5.8. 주권 발행(비통일주권)	재무팀																							■	■	■	■						
5.9. 증권금융 주식 예탁																												■	■	■			
5.10. 실권주 처리 관련 이사회 실시																															■	■	■

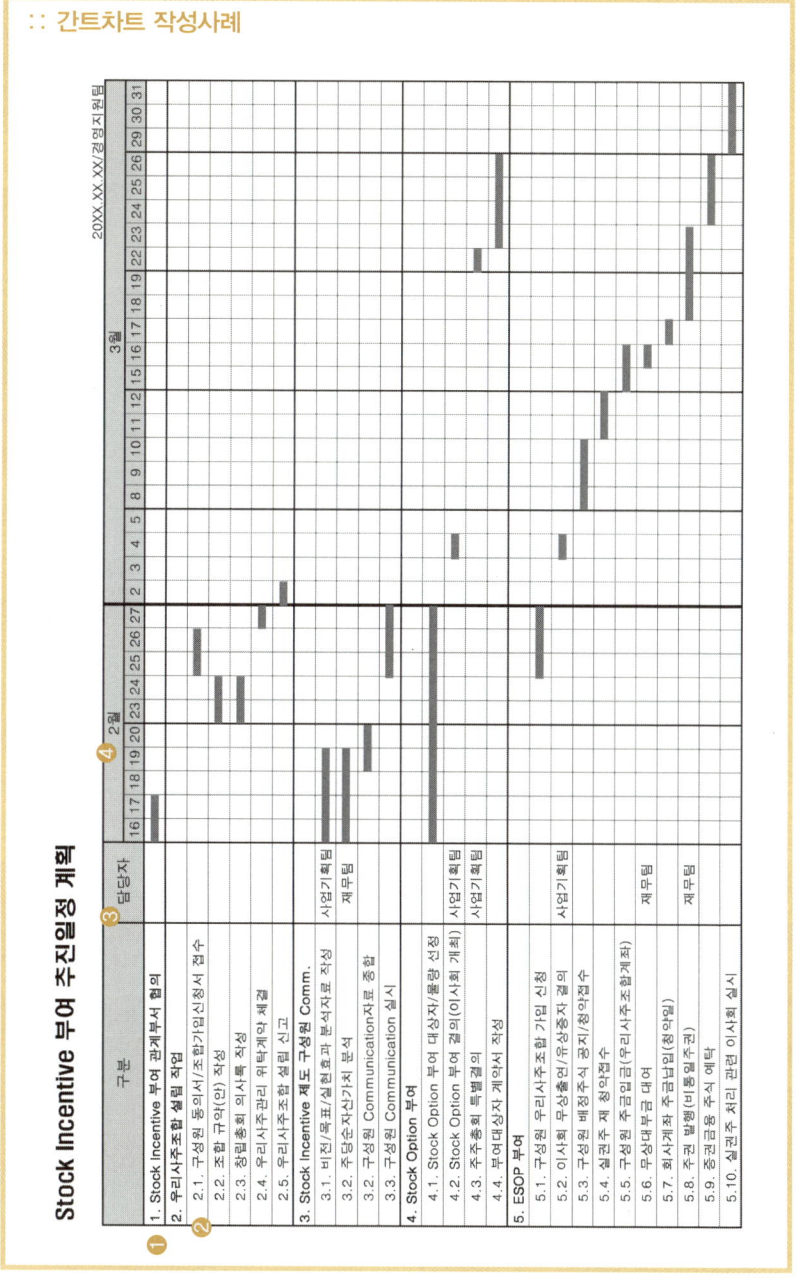

:: 엑셀 프로그램으로 간트차트 만드는 방법

① 우선 1., 2., 3., … 등의 일련번호를 붙여서 가장 큰 단위의 업무목록을 만든다.

② 그 아래에 한 칸 들여쓰기를 해서 1.1, 1.2, 1.3, … 등의 일련번호를 붙여서 하위목록을 만든다.

③ 그 다음 칸에는 세부일정별 담당자를 기재한다.

④ 세부일정별 목표일정을 정해서 두꺼운 막대선으로 해당 일정을 표시한다. 이때 엑셀 칸에 직접 색을 칠해도 되지만, 깔끔하게 표현되지는 않는다.

6장

업무역량을 높이는 기록 및 정보관리 기술

01

상사와의 신뢰도를 높이는 메모의 기술

고성대 대리와 장세한 씨가 함께 외근을 나가자 왠지 사무실이 텅 빈 듯한 느낌이 드는 명석 씨. 선배가 없을 때 급한 일이 생기면 어쩌나 하는 막연한 불안감을 느끼며 업무를 하고 있던 차에 박유식 팀장이 명석 씨를 불러 업무를 지시한다.

"명석 씨, 지금 현장에 나가 있는 고 대리가 차량을 지원해달라고 하니까 총무팀에 연락해서 차량지원 가능한지 알아보고, 어제 내가 장세한 씨한테 지시한 협조공문 좀 찾아서 가져다 줘. 아, 그리고 고 대리 자리에 보면 입출금전표 몇 장 있을 거야, 그거 정리해서 재무팀에 제출하고…."

그러고도 몇 개의 업무를 더 지시 받고 자리로 돌아온 명석 씨. 가만히 앉아서 팀장이 지시한 업무를 하나하나 떠올려본다.

'업무차량 수배하고, 협조공문 찾아다 드리고…. 어, 그리고 다음에 뭐 하라고 하셨지? 몇 개 되지도 않는데 왜 생각이 안 나냐.'

아무리 생각해봐도 한 가지 일이 생각나지 않는 명석 씨. 안절부절 고민하다 어쩔 수 없이 박 팀장에게 가서 이실직고를 한다.

"팀장님, 죄송한데요. 아까 고성대 대리 자리에서 뭐를 찾아야 한다고 하셨는지 기억이 안 나서요."

"안 그래도 내가 아까 지시하면서 분명히 명석 씨가 다시 물어볼 거라고 생각했어. 이 친구야, 팀장이 불렀을 때 빨리 오는 것도 중요하지만 기본을 망각하면 안 되지. 상사가 지시할 때 수첩 들고 메모하는 게 아직도 습관이 안 된 거야? 이거, 부하직원 제대로 교육 못 시킨 고 대리를 혼내야 하는 건가?"

고 대리를 혼내겠다는 으름장에 명석 씨가 깜짝 놀라며 이야기한다.

"아닙니다. 고 대리님이 분명 말씀해주셨는데 제가 경황이 없어서 깜빡한 겁니다."

"이 친구 기본은 무시하면서 직속선배 무서운 건 아나 보군. 내 이번에는 눈감아줄 테니 다음부터 그러면 안 돼!"

팀장의 농담 섞인 아량에 고 대리의 폭풍 잔소리를 피했다는 안도의 한숨을 내쉬며 자리로 돌아가는 명석 씨다.

멘토의 조언

아무리 기억력이 좋은 사람이라도 사례의 명석 씨처럼 갑자기 한꺼

번에 여러 가지 지시를 받으면 1~2가지는 기억이 나지 않는 경우가 있습니다. 그런데 그런 이유로 상사가 지시한 일을 처리하지 못하면 상사와의 신뢰관계가 약해질 수밖에 없습니다. 상사와 완벽한 신뢰관계를 쌓기 위해서는 '저 사람에게 일을 맡기면 걱정이 없다'는 생각이 들게 해야 합니다. 그런 점에서 상사의 지시를 꼼꼼히 메모하는 습관을 들이면 여러 가지 이점을 얻을 수 있습니다. 일단 메모로 지시사항을 정리해놓으면 일의 우선순위가 명확해지기 때문에 엉뚱한 일을 먼저 하는 실수를 막을 수 있습니다. 또한 상사의 지시를 구체적으로 메모한 내용이 있으면 상사에게 추가로 질문을 하거나 우선순위에 대한 확인을 요청할 때도 큰 도움이 됩니다.

또 하나의 장점은 상사에게 자신의 지시를 정확히 듣고 관심을 기울여 경청하고 있다는 이미지를 줄 수 있다는 것입니다. 안타깝게도 일반 사원뿐만 아니라 대리, 심지어 과장급 회사원들도 이를 습관화하지 못한 경우가 많습니다. 이러한 간단한 습관에서 A급 인재와 B급 인재의 차이가 발생하는 것이 현실인 데도 말입니다.

인간의 기억력은 한계가 있으므로 메모를 할 때는 당시의 정황과 상사가 지시하는 뉘앙스를 잘 파악하는 것이 중요합니다. 효과적인 메모의 요령과 일의 우선순위를 파악하는 핵심노하우를 요약하면 다음과 같습니다.

- 기본적으로 상사와 대화를 할 때는 항상 수첩을 펴고 메모한다.
- 나중에 기억하기 쉽도록 상사가 말하는 거의 모든 사항을 핵심키워드를 활용해 메모한다.

- 상사의 말이 끝나면 “이러이러하게 말씀하셨는데, 이러저러하게 실행하도록 하겠습니다” 하는 식으로 메모내용과 상사의 지시사항이 일치하는지 확인한다.
- 상사가 여러 가지 지시를 내렸다면, “이렇게 저렇게 지시하셨는데, 무엇을 먼저 하는 것이 좋겠습니까?” 또는 “언제까지 하면 좋을까요?” 하는 식으로 반드시 우선순위와 일정을 확인한다. 이래야만 일의 우선순위를 혼동하는 일이 발생하지 않는다.

오랜 기간 여러 회사에서 직원들의 교육을 담당했던 경험에 의하면 이러한 메모습관을 가지고 있는 사람이 그렇지 않은 사람에 비해 업무 적응도가 훨씬 빨랐습니다. 특히 회사생활 초기에는 주로 상사의 지시에 의한 업무를 진행하는 경우가 많기 때문에 이러한 메모습관을 들이면 지시사항을 잊는 등의 오류 없이 일을 진행하는 데 큰 도움이 됩니다.

02 나만의 콘텐츠를 만드는 힘, 유레카 노트 작성법

화장실에 갔다가 돌아오는 길에 복도 한쪽에서 열심히 무언가를 적고 있는 정도 씨를 발견한 명석 씨. 문득 며칠 전에 수첩을 안 가지고 다니다가 팀장에게 꾸지람을 들었던 기억이 떠올라 괜히 아는 척을 해본다.

"정도야, 너도 메모 때문에 잔소리 좀 들었냐? 뭘 그렇게 열심히 적고 있어?"

정도 씨는 명석 씨의 물음에 잠깐 기다리라는 눈짓을 보내고는 기록을 다 끝내고 나서야 입을 연다.

"어, 미안해. 생각날 때 정리하지 않으면 기억이 안 날까봐…."

"보아하니 지시사항 정리하는 거 같지는 않고, 무슨 수첩이야?"

"어 이거, 유레카 노트라는 거야. 우리 팀 기봉만 대리님이 한 번 적어보라고 하더라고. 일종의 아이디어 수첩 같은 건데, 좋은 생각이 떠오를 때마다 기록해놓으면 나중에 다 도움이 된다면서…."

유레카라는 말에 아르키메데스의 일화가 떠오르기는 하는데, 대체 유레카 노트라는 것이 업무에 어떻게 도움이 된다는 건지 영 이해가 되지 않는 명석 씨다.

"그런데 그 노트가 도움이 되기는 해?"

명석 씨가 궁금함을 참지 못하고 질문을 던지자 정도 씨가 웃으면서 대답을 한다.

"나도 처음에는 기 대리님이 해보라고 해서 무심코 시작했는데, 실제로 이 노트 덕분에 칭찬을 받은 일이 있었어. 얼마 전에 사장님이 우리 팀에 오셨다가 나한테 1년 동안 느낀 점을 이야기해보라고 하셨거든. 그때 유레카 노트에 기록한 대로 일하면서 깨달은 것들을 말씀드리니까 일의 본질을 잘 이해하고 있다고 엄청 칭찬을 해주시더라고."

자기는 신입사원 환영식 때 이후로 한 번도 본 적이 없는 사장님한테 칭찬까지 받았다는 말을 듣고 왠지 배가 아파오는 명석 씨. 수첩에 이어 유레카 노트에도 도전해보겠다는 각오를 굳게 다져본다.

멘토의 조언

회사생활 초기에는 반드시 OJT 노트나 수첩 등을 준비해서 보고 듣는 모든 것을 기록해야 합니다. 아주 단순한 지식이나 깨달음이라도 무조건 적어두어야 나중에 다시 읽어보며 업무에 활용할 수 있습니다. 아쉽게도 이 간단한 습관을 지키지 못해서 인정받는 사원으로 성장하지 못하는 경우가 많습니다. 아무리 뛰어난 인재라도 회사생활 초기에 소위 A급 사원으로 인정받기는 매우 어렵습니다. 천리 길도 한 걸음부터라는 말처럼 회사생활 초기에는 무조건 상사나 사수를 모방하는 전략을 취해야 합니다. 여러분이 가지고 있던 고정관념은 비워버리고 그들의 행동 등을 무조건적으로 받아들이는 시간이 필요합니다. 누구든 이런 시간을 거쳐야만 창조가 가능해지는 시점을 맞을 수 있습니다. 노트나 수첩에 메모하는 습관은 이러한 창조적 시점을 만들기 위한 출발점이 됩니다.

필자는 이러한 노트를 '유레카 노트'라고 부릅니다. 소소한 깨달음을 빠짐없이 적는 노트라는 의미이지요. 여러분만의 노하우는 결국 이러한 작은 깨달음이 모여서 만들어지는 것입니다. 이러한 깨달음을 그냥 흘려보내는 사람은 결코 전문가 수준으로 성장하지 못합니다.

필자는 회사생활을 하면서 선배가 효율적으로 일하는 방법을 가르쳐줄 때 적지 않고 듣고만 있다가, 막상 직접 해보려고 할 때 핵심적인 사항을 기억하지 못해 막막해 하는 사람들을 많이 봐왔습니다. 따라서 일이 익숙해지기 전에는 절대로 손에서 노트가 떨어지면 안 됩니다. 특히 요즘에는 에버노트나 전자필기장 같은 좋은 도구들이 많으므로, 이러한 도구들을 활용해 노트에 적은 것을 사진으로 찍어서 올리거나 직접 입력해서 기록하다 보면 배운 것을 복습하는 효과도 얻을 수 있습니다.

유레카 노트 또는 OJT 노트를 활용하는 노하우는 다음과 같습니다.

- 중요하다고 생각되는 내용만 적으려고 하지 말고 소소한 것 하나하나까지 기록한다.
- 내용지식뿐만 아니라 절차지식도 매우 중요하므로, 업무를 처리하는 절차들을 배우면서 느낀 것들을 모두 기록한다.
- 일을 하다가 혼난 경험, 그로 인해 느낀 점을 반드시 기록해놓는다. 이래야만 같은 실수를 반복하는 오류를 막을 수 있다.
- 일을 하다가 느낀 깨달음 같은 것들을 한 줄씩 적어놓는다.
  예) 사람들은 낯선 형식에 거부감이 있다. 조직의 절차를 준수하면서 내가 개선할 것을 찾아야 한다.
- 언제 기록한 내용인지를 알 수 있게 날짜를 반드시 기록한다.

인간의 기억력은 한계가 있고, 좋은 생각은 떠올랐다가 금방 사라지기 마련입니다. 이러한 오류를 겪지 않으려면 항상 기록하는 습관을 반드시 몸에 익혀야 합니다. 이순신이나 허준 같은 인물들이 위대한 평가를 받을 수 있는 것 역시 전쟁이라는 어려운 상황에서도 끊임없이 기록하고 고민하는 힘을 가지고 있었기 때문입니다. 자신만의 콘텐츠를 만드는 힘이 바로 기록하는 습관에 있음을 잊지 마십시오.

03 창조적 발상과 기획의 원천, 업무자료의 구조화

거래처에 방문해서 제품 진열상태를 점검해보라는 지시를 받고 외근을 나온 명석 씨. 생각보다 일이 빨리 끝난 김에 카페에 들러 아메리카노 한 잔을 마시며 한껏 여유를 즐기던 중에 장세한 씨에게서 전화가 걸려왔다.

"명석 씨. 아직 일 안 끝난 거야? 고 대리님이 명석 씨가 작성한 보고서 초안 가져오라는데, 어디에 있어?"

"아, 그거 아직 공용폴더에 못 올렸어요. 제 컴퓨터에서 내부문서라는 폴더 열면 거기에 들어 있을 거예요. 전 1시간 정도면 복귀할 것 같고요."

"알았어. 일단 내가 찾아서 출력해 드릴 테니까, 관련 내용은 명석 씨가 들어와서 고 대리님께 설명해 드려. 조심해서 들어오고."

전화를 끊은 명석 씨는 왠지 선배에게 할 일을 미룬 듯한 생각이 들어 남은 커피를 급하게 들이켜고 카페 문을 나섰다.

"선배님, 고 대리님한테 보고서 올려주셨어요? 죄송해요, 제 일인데…."

명석 씨가 그런 말로 미안한 마음을 전했건만, 그 말을 듣는 세한 씨의 눈초리가 영 심상치 않다.

"명석 씨, 내가 보고서 파일 찾느라고 얼마나 애를 먹었는지 알아? 폴더관리를 그렇게 하면 어떻게 해! 공통성 없는 파일들이 여기저기 뒤섞여 있지를 않나, 심지어 폴더이름도 안 넣어서 새폴더라는 이름 그대로인 것도 있고…."

세한 씨는 그렇게 잔소리를 하더니, 명석 씨 옆에 앉아서 직접 폴더 정리 시범을 보이기 시작한다.

"자, 이렇게 정리해놓으니까 훨씬 깔끔해 보이잖아. 이런 걸 어려운 말로 구조화라고 하는 거라고. 이렇게 해야 바로바로 필요한 파일을 찾아볼 수 있지 않겠어?"

선배에 의해 깔끔히 정리된 폴더들을 보면서 역시 일 잘하는 사람은 달라도 뭔가 다르구나 하는 생각이 밀려드는 명석 씨다.

멘토의 조언

앞서 말했듯이 요즘에는 이메일로 보고서를 제출하는 경우가 많습니다. 이때 대부분 첨부파일이 포함되는데, 때로는 이 첨부파일 문서의 제목 하나로 상사의 인식이 달라지기도 합니다. 예를 들어 이메일 보고서의 첨부파일 제목이 다음과 같다면 상사 입장에서는 '과연 이 사람이 자료관리를 잘 하고 있을까'라는 의구심을 갖게 됩니다.

- 평가 보상제도 개선.doc

위 제목에 어떤 문제가 있다고 생각됩니까? 일단 문서의 버전관리가 안 돼 있습니다. 또한 제목의 구체성이 떨어져서 나중에 많은 파일이 쌓이면 어떤 내용을 담은 파일인지 확인하기 어렵다는 문제가 있습니다. 이런 문제를 방지하려면 제목을 다음과 같이 만들어야 합니다.

- 2015년 평가 보상제도 개선방안 검토_2015.03.11_1.doc
- 2015년 평가 보상제도 개선방안 검토 Ver.1.1_2015.03.11.doc
- 2015년 평가 보상제도 개선방안 검토(완료)_2015.03.11.doc

경우에 따라 다음과 같이 부제목을 달아놓으면 도움이 됩니다.

- 2015년 평가제도 개선방안(업적평가제도 개선을 중심으로)_2015.03.11.doc

또한 실무적으로 제목 뒤에 '○○품의', '○○보고', '○○현황조사', '○○회의록' 등의 문구를 붙이면 이메일을 받는 상대방이 문서의 내용을 인식하는 데 도움이 됩니다.

:: 업무 관련 자료의 구조화 사례

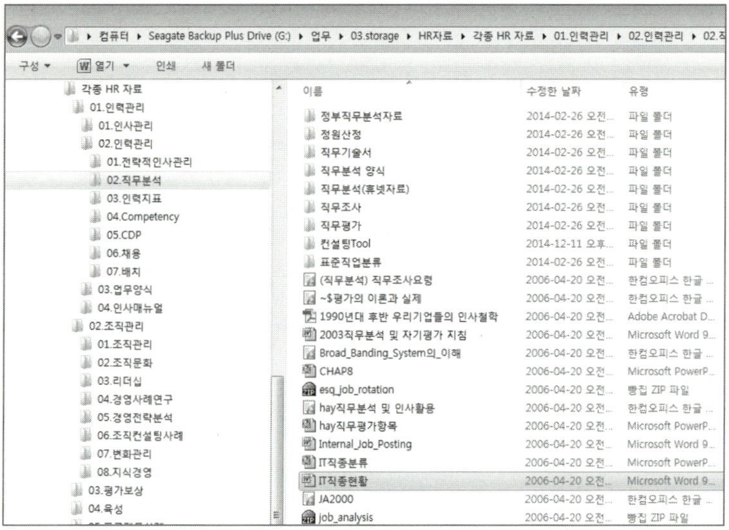

여기서 더 나아가 여러분이 기획의 달인이 되기 위해서는 자신의 전공·업무분야와 관련해 다양한 샘플과 기획의 산출물들을 언제든지 활용할 수 있도록 컴퓨터 파일이나 폴더를 구조화할 필요가 있습니다.

위의 그림은 필자가 인터넷이나 기타 여러 모임 등에서 몇 년 동안 얻은 업무 관련 자료를 구조화해놓은 것입니다. 일을 진행하다가 새로운 생각이 떠오르지 않을 때 이처럼 구조화한 문서를 열어서 한 번씩 음미해보는 것만으로도 새로운 발상을 얻을 수 있습니다. 특히 위의 그림과 같이 자료를 일련번호나 알파벳 등으로 구조화하면 필요한 자료를 찾아보거나 생각을 정리할 때 더욱 도움이 됩니다. 업무 관련 자료를 구조화하는 기본적인 방법은 다음과 같습니다.

- 폴더명 앞에 정렬하고 싶은 순서대로. 01., 02., 03., … 식으로 일련번호를 붙인다. 이때 번호가 10이 넘어가면 1 다음에 10이 정렬되기 때문에 01, 02 등으로 번호를 붙이는 것이 좋다.
- 하위구조 폴더에도 01., 02., 03.,… 등으로 구조화를 한다. A, B, C 등으로 순서를 정해도 좋다.

컴퓨터 내 데이터뿐만 아니라 인터넷에서 찾은 정보들을 웹 스크랩 도구로 묶어서 관리하는 방식도 업무효율을 높이는 데 도움이 됩니다. 예를 들어 인터넷에 '이순신'에 대한 좋은 자료가 있다면 자신의 블로그나 관련 프로그램을 이용해 하나의 카테고리로 스크랩해놓는 방식을 말합니다. 참고로 이러한 정보를 외부에 노출하기 싫다면 '비공개'로 설정해놓으면 됩니다. 특히 에버노트 등의 애플리케이션에는 이미지의 글자까지 인식하는 기능이 있어서 검색기능을 더욱 효과적으로 활용할 수 있습니다.

다음 페이지의 그림은 에버노트에 넣은 다양한 정보들을 태그로 묶어서 관리하는 형태를 보여주고 있습니다. 태그만 넣어 주면 이런 식으로 다양한 정보를 모아서 보여 주기 때문에 발상을 할 때 큰 도움을 받을 수 있습니다.

어렵게 찾은 정보를 효과적으로 활용하려면 이처럼 나만의 지식창고에 차곡차곡 정보를 쌓아두는 습관을 들여야 합니다.

:: 에버노트를 활용한 정보관리 사례

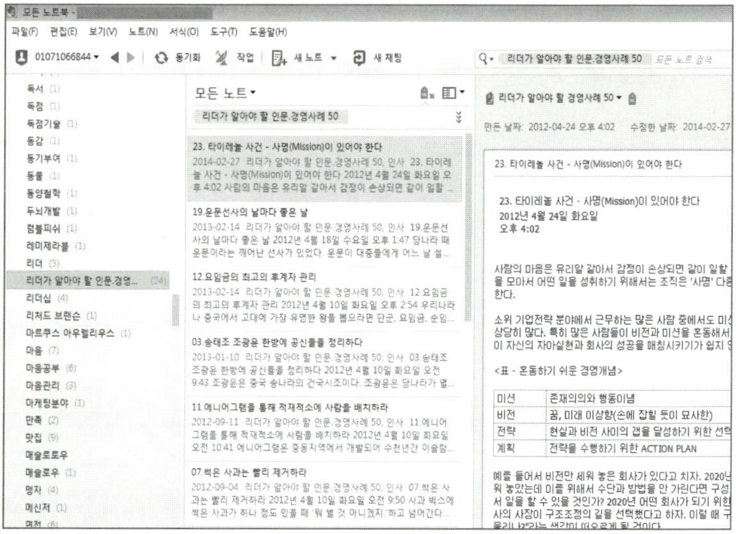

04 일주일에 2권을 독파하는 독서의 기술

새해를 며칠 앞둔 어느 주말, 명석 씨는 연말 분위기도 즐기고 업무에 도움이 될 만한 책도 한 권 사볼까 하는 생각으로 시내 대형서점을 찾았다. 한껏 들떠 보이는 사람들 물결에 실려 여기 저기 구경하던 명석 씨. 경제경영서 코너에서 경영기획팀 기봉만 대리를 발견하고 반갑게 인사를 건넨다.

"기 대리님, 안녕하세요. 이런 데서 뵈니 더 반갑네요."

"응, 명석 씨구나. 서점에는 어쩐 일이야. 정도 씨 말로는 명석 씨는 책 별로 안 좋아한다고 하든데…."

"에이, 그건 옛날 얘기고요. 제가 요즘 얼마나 자기계발을 위해 노력 중인데요."

기 대리는 주말에 책을 사러 나온 후배가 대견한 생각이 들어 커피라도 한 잔 사줄 마음으로 명석 씨를 서점 내 카페테리아로 데리고 간다.

"그래 요즘 특별히 읽고 있는 책이라도 있어?"

기 대리의 질문에 명석 씨는 멋쩍은 웃음을 지으며 대답한다.

"솔직히 얼마 전에 영업 관련 전문서적을 한 권 사서 읽기 시작하긴 했는데요, 프롤로그부터 재미가 없어서 거의 진도를 못 나갔어요."

"하하, 명석 씨가 처음부터 욕심을 부렸네. 책 읽기는 일단 재미를 붙이는 게 중요해. 평소에 책을 안 보다가 전문서적부터 파고들면 당연히 재미가 없을 수밖에. 처음에는 영업 마인드를 스토리텔링으로 구성한 책이나, 거상들의 이야기를 담은 소설로 시작하면 책 읽기가 한결 수월할 거야. 커피 마시고 나서 내가 몇 권 추천해줄게."

"와, 그럼 감사하지요. 기 대리님을 저의 독서 멘토로 모시겠습니다."

그렇게 말하면서 기 대리처럼 좋은 멘토를 직속선배로 둔 이정도 씨가 살짝 부러워지는 명석 씨다.

멘토의 조언

직장인들에게 책을 읽지 않는 이유를 물으면 대부분 '시간이 없어서'라고 대답합니다. 하지만 필자는 책 읽는 습관이 안 돼 있고, 요령이 부족해서 그렇다고 생각합니다. 직장인들의 출퇴근시간은 평균 1~2시간 정도 됩니다. 이 시간에만 책을 읽어도 일주일에 1권은 충분히 읽을 수 있습니다. 화장실에서 읽는 방법도 있습니다. 화장실에서 책을 읽으면 의외로 집중도 잘 됩니다.

중요한 건 습관입니다. 스마트폰으로 음악을 듣거나 정보를 검색하는 습관을 들이는 것처럼 버스나 지하철에서 책을 읽는 습관을 들여야 합니다. 책을 읽을 때 알아야 할 핵심적인 팁이 하나 있습니다. 책에 담긴 모든 내용이 반드시 알차지는 않다는 사실입니다. 한 권의 책 안에는 저자가 핵심테마로 다뤄 충실하게 서술한 내용이 있는 반면, 양을 채우기 위해 쓴 내용도 있습니다. 즉, 책에도 80:20의 법칙이 존재한다는 것이지요. 따라서 정말 시간이 부족하다면 책의 목차를 보고 핵심적이라고 생각되는 부분이나 재미있는 부분만 읽어도 책 내용의 80% 이상을 얻을 수 있습니다. 필자의 경우 보통 책의 앞뒤를 왔다 갔다 하면서 읽습니다. 이렇게 하면 책 읽는 방식이 재미있으니까 책도 더 빨리 읽힙니다.

다만 책 읽는 습관을 들일 때 한 가지 주의해야 할 점이 있습니다. 책과 요약집을 보는 것은 완전히 다르다는 사실입니다. 요약집으로는 절대 여러분만의 마인드가 형성되지 않습니다. 사실 우리나라 학생들은 어릴 적부터 요약집에 상당히 익숙해져 있습니다. 심지어 대학생이 돼서도 요약집으로 공부하는 사람이 많습니다. 단언컨대, 이런 식의 책 읽기로는 절대 뛰어난 마인드나 기획력을 기대할 수 없습니다.

직장인들이 기획서를 만들면서 쉽고 직접적인 방법만 찾는 이유도 이러한 배경 탓이 큽니다. 운 좋게 다른 사람이 잘 만든 기획서 샘플이라도 얻으면 마치 기획서를 다 작성한 듯 좋아합니다. 하지만 10줄짜리 메시지를 1줄로 요약하거나, 1줄짜리 메시지를 10줄로 언제든 바꿀 수 있는 능력은 책이든 정보든 그 안에 담긴 내용을 제대로 이해한 사람만이 발휘할 수 있습니다. 또한 이런 사람들은 기획서나 보고서의 내용에 대한 질문을 받았을 때 핵심 있는 답변을 할 수 있습니다. 반면에 좋은 기획서 샘플에 의존하거나, 요약된 내용을 단순히 암기한 사람은 깊이 있는 질문이 들어왔을 때 말문이 막히게 됩니다.

업무현장에서는 이러한 차이가 극명하게 드러납니다. 기획서에 담긴 내용이든, 질문에 대한 대답이든 그 사람의 이해수준에 따라 결과가 나올 수밖에 없고, 결국 그것이 그 사람의 안목을 판단하는 기준이 됩니다. 이것이 바로 요약집이 아닌 책을 읽어야 하는 이유입니다. 정말 돈이 없다면 도서관에서 빌려서라도 읽어야 합니다. 다만 관심분야 또는 전공분야의 책은 곁에 두고 반복해서 읽어야 하므로 가급적 직접 구입해서 읽어야 합니다. 이런 책에는 저자가 수십 년간 쌓아온 경험과 노하우가 가득 담겨 있기 때문에 여러분이 겪어보지 못한 것들을 간접체험할 수 있는 소중한 기회를 제공합니다. 커피전문점 커피 2~3잔 값에 이러한 노하우와 경험을 얻는 것이 과연 비싼 대가라고 할 수 있을까요?

어떤 습관이든 한 번에 몸에 배지는 않습니다. 특히 요즘처럼 스마트폰에 익숙해져 있는 시대에는 더욱 그렇겠지요. 다음과 같은 방법을 활용하면 여러분이 책 읽는 습관을 들이는 데 조금은 도움이 될 것입니다.

(1) 좋아하는 분야의 책을 아무거나 선택한다

처음에는 자신이 좋아하는 분야의 책을 선택해야 질리지 않습니다. 무협지, 소설, 역사 책 등 아무거나 상관없습니다.

(2) 우선 서문과 목차를 훑어본다

서문과 목차를 훑어보면 책의 전체 내용을 대략적으로 알 수 있습니다.

(3) 재미가 있을 것 같은 부분을 찾아서 읽는다

사실 재미있을 것 같은 부분이 그 책의 핵심내용인 경우가 많습니다. 따라서 이 부분만 읽어도 내용의 대부분을 얻는 셈입니다. 꼭 처음부터 읽어야 한다는 생각을 바꾸면 책 읽기가 더욱 즐거워집니다.

(4) 화장실에서 책 읽는 습관을 들인다

화장실에 갈 때 항상 책을 가지고 갑니다. 다만 회사에서는 말고 집에서만 실행해야 합니다.

(5) 버스와 지하철에서 책 읽는 습관을 들인다

처음에는 약간 머리가 어지럽기도 하고 어색하기도 하겠지만 몇 번 하다 보면 익숙해집니다. 이 습관이 들면 걸어가면서도 독서가 가능해집니다. 어차피 다리는 자동이니까 말입니다. 절대 다른 사람 시선을 의식할 필요가 없습니다. 내가 재미있으면 그만입니다.

(6) 다 읽은 후 주요구절 등을 독서카드에 기록한다

독서카드 등에 자신이 중요하다고 생각되는 부분을 기록해두어야 나중에 필요할 때 활용할 수 있습니다. 필요할 때 해당 부분만 다시 읽어도 기억을 되살릴 수 있고, 기획서나 글을 쓰는 데도 인용할 수 있습니다. 블로그에 기록하는 방법도 좋습니다.

05

블로그를 활용한 독서카드 작성방법

주말이 참 짧다는 생각으로 회사 엘리베이터 앞에서 한껏 입을 벌려 하품을 하고 있는 명석 씨.

“명석 씨, 자주 보네. 주말에 뭐 했기에 아침부터 입이 찢어지도록 하품을 하고 있어?”

기봉만 대리가 어깨를 툭툭 치며 하는 인사말에 명석 씨가 급하게 입을 다물며 대답한다.

“안녕하세요, 기 대리님. 대리님이 추천해주신 책이 너무 재미있어서 밤늦게까지 읽는 바람에….”

“책이 재미있었다니 다행이네. 내가 몇 가지 독서 팁을 더 알려줄 테니 나랑 저녁에 술 한 잔 할까?”

“저야 당연히 좋죠. 그럼 이따 뵙겠습니다!”

공짜 술에 독서 팁까지 덤으로 얻을 수 있다는 생각에 기분이 들뜬 명석 씨, 퇴근하자마자 기 대리와 약속한 호프집을 찾아갔다. 기 대리는 명석 씨와 연신 건배를 해가면 몇 잔의 생맥주를 들이켠 후 자신이 알려주겠다고 한 독서 팁에 대한 이야기를 꺼낸다.

"사고의 폭을 넓히는 데 책 읽기만큼 좋은 건 없어. 특히 책을 읽고 감명 깊은 부분과 느낀 점 등을 '독서카드'에 기록해놓으면 나중에 그 카드만 읽어도 책 전체 내용을 연상할 수 있어서 큰 도움이 될 거야."

"그럼 내일이라도 당장 노트 한 권 사서 시작해봐야겠는데요."

자신의 조언에 명석 씨가 불타는 의욕을 보이자, 기 대리는 대견한 마음에 한 가지 팁을 더 알려준다.

"명석 씨 개인 블로그를 독서노트로 활용하면 더 편리할 거야. 기본적인 도서정보를 자동으로 끌어다 쓸 수 있는 데다, 특히 나중에 필요한 내용을 검색해 찾기도 편리하니까 말이야."

그 뒤로도 계속해서 이어지는 기 대리의 다양한 조언을 들으며 책 읽기의 즐거움을 새록새록 느끼게 되는 명석 씨다.

멘토의 조언

세상이 아무리 스마트하게 변해가더라도 체계적인 지식을 쌓는 데 있어서 아직까지 책만 한 것은 없습니다. 물론 예전에 비해 인터넷에 올라오는 정보들도 나름의 체계성을 갖추고는 있지만, 아무래도 정보의 신뢰성이나 사고의 폭을 넓히는 데는 책의 힘이 더 세다고 생각됩니

:: 블로그를 활용한 독서록 관리 사례

많은 기업들이 기존의 방향성을 바꾸지 못해서 어려움을 겪는다. 기존에 잘 하던 방식에서 약간 더 잘 하려는 방식으로는 새로운 전략으로 새로운 방식으로 게임을 하는 신생기업을 이길 수 없다.

삼성이 샤오미의 80% 수준에 완전 저가 전략에 어려움을 겪고, 통신회사가 카카오톡이나 라인에게 어려움을 겪고, 향후 자동차 회사가 전기차 회사에게 어려움을 겪듯이 이미 완전히 자리 잡은 회사의 변화는 정말 쉽지 않은 것 같다. 이런 변화를 할 수 있는 것이 진정한 혁신이고 전략이라는 생각이 든다.

위대한 기업으로 가는 전략지도

작가 콘스탄티노스 C.마키데스
출판 한언
발매 2004.03.25
리뷰보기

새로운 전략적 포지션은 끊임없이 나타난다. 새로운 전략적 포지션이란 단순히 하나의 새롭게 있을 법한 '누구에게/무엇을/어떻게'-새롭게 세분화된 고객(새로운 누구에게), 새로운 가치 명제(새로운 무엇을), 또는 어떤 제품을 생산해서 유통시키는 새로운 방식(새로운 어떻게)-조합이다. 시간이 지나면 새로운 포지션을 놓고 각축을 벌이는 경쟁자(선수) 들이 현상-한 때 자신들의 독특한 포지션이었던 곳에 도취할 정도로 성장한 회사들-에 도전하기 위해 일어나게 된다. p.35

그러한 회사들은 모두 자신들의 게임에서 이미 확립된 체제에 대항하여 이기려고 애를 쓴 것이 아니라 게임의 규칙들을 위반함-이미 자리를 잡은 경쟁자들이 점유하고 있는 포지션과는 완전히 색다른 전략적 포지션을 스스로 창출함-으로써 성공하게 되었다. 그러한 모든 성공적인 공격들의 공통적인 요소는 새롭고도 독특한 전략적 포지션의 창출, 즉 전략적 혁신이다. p. 41

다. 이러한 책의 힘을 더욱 키울 수 있는 도구가 바로 사례의 기봉만 대리가 소개한 독서카드입니다. 기 대리의 조언처럼 독서카드를 이용해 책에서 느낀 점과 중요한 대목들을 기록해놓으면 나중에 새로운 발상을 하는 데 좋은 자료로 활용할 수 있습니다. 특히 위의 그림과 같이 블로그 글쓰기 도구 중 책 도구를 활용하면 도서의 기본정보(지은이, 목차 등)가 자동으로 따라오기 때문에 책의 내용이나 느낀 점만 기술하면 되고, 나중에 검색도 편리하다는 장점이 있습니다. 이런 식으로 독서카드를 관리하는 경우 위의 그림과 같이 끌고온 도서정보를 중심으로 책에서 자신이 느낀 점과 좋은 통찰이나 감동을 준 구절을 옮겨서 적으면 됩니다. 이때 나중에 인용을 하고 싶을 때 찾기 편하도록 옮겨 적은 구절에는 반드시 책에서 해당 구절이 나오는 페이지를 넣어주는 것이 좋습니다.

이 방법 외에 클라우드 서비스나 웹하드를 이용해 독서카드를 관리하는 방법도 있습니다. 이 방법을 활용하려면 다음과 같이 독서카드에 들어갈 내용을 하나의 텍스트파일이나 문서파일로 저장해야 합니다.

패트릭포사이스. 《읽고 싶은 보고서 제안서》. 이진원 옮김. 비즈니스맵. 2007.

1. 간결하다
짧은 글이 긴 글보다 훨씬 더 읽기 쉽다. 하지만 정말로 중요한 것은 주제와 목적에 맞는 적절한 길이어야 한다는 것이다. 가장 적절한 보고서는 핵심을 찌르고 필요한 말만 콕 짚어서 해주는, 한마디로 간결함을 갖춘 보고서다. 보고서는 10페이지 또는 50페이지로도 작성할 수 있지만, 분량에 관계없이 중요한 것은 간결함이다.

2. 명쾌하다
독자가 보고서를 읽고 잘 이해할 수 있도록 적절한 언어로 명쾌하게 써야 한다. 표현이 모호해서 무엇을 주장하는지 명확하지 않거나 주제에서 빗나간 이야기를 쓰면 안 된다.

3. 정확하다
아무리 읽기 좋은 보고서라도 내용이 정확하지 않으면 소용없다. 출처가 불분명한 자료를 인용하거나 확실하지 않은 정보를 전달해서는 안 된다. 확인에 확인을 거듭해서 정확한 내용을 담아야 한다.
(p. 21~22)

이때 해당 파일의 제목은 검색하기 쉽도록 다음과 같이 작성합니다

- 패트릭포사이스 지음. 읽고 싶은 보고서 제안서. 이진원 옮김. 비즈니스맵.2007.txt

그런 뒤에 자신이 사용하는 클라우드 드라이브(N드라이브, 구글드라이브 등)에 업로드해놓으면 필요시 언제든 스마트폰 등을 활용해 읽어볼 수 있습니다. 참고로 독서카드 내용에 자신의 의견을 반영할 경우에는 구분이 쉽도록 다음과 같이 다른 색의 글자 등으로 표시해둡니다.

> 패트릭포사이스. 《읽고 싶은 보고서 제안서》. 이진원 옮김. 비즈니스맵. 2007.
>
> 1. 간결하다
> 짧은 글이 긴 글보다 훨씬 더 읽기 쉽다. 하지만 정말로 중요한 것은 주제와 목적에 맞는 적절한 길이어야 한다는 것이다. 가장 적절한 보고서는 핵심을 찌르고 필요한 말만 콕 짚어서 해주는, 한마디로 간결함을 갖춘 보고서다. 보고서는 10페이지 또는 50페이지로도 작성할 수 있지만, 분량에 관계없이 중요한 것은 간결함이다.
>
> ▶ 항상 생각해오던 내용인데 역시 동서양을 막론하고 간결명료함이 비즈니스에서는 효과적인 것 같다.

또한 요즘에는 스마트폰 애플리케이션을 활용해 독서카드를 작성할 수도 있습니다. 이러한 방식들로 작성하는 독서카드의 양이 늘어날수록 여러분의 사고의 폭도 그만큼 넓어집니다. 그리고 그 효과는 여러분이 업무를 할 때는 물론, 기획력이 요구되는 일이나 특별한 프로젝트를 진행해야 할 때 반드시 빛을 발하게 될 것입니다.

7장

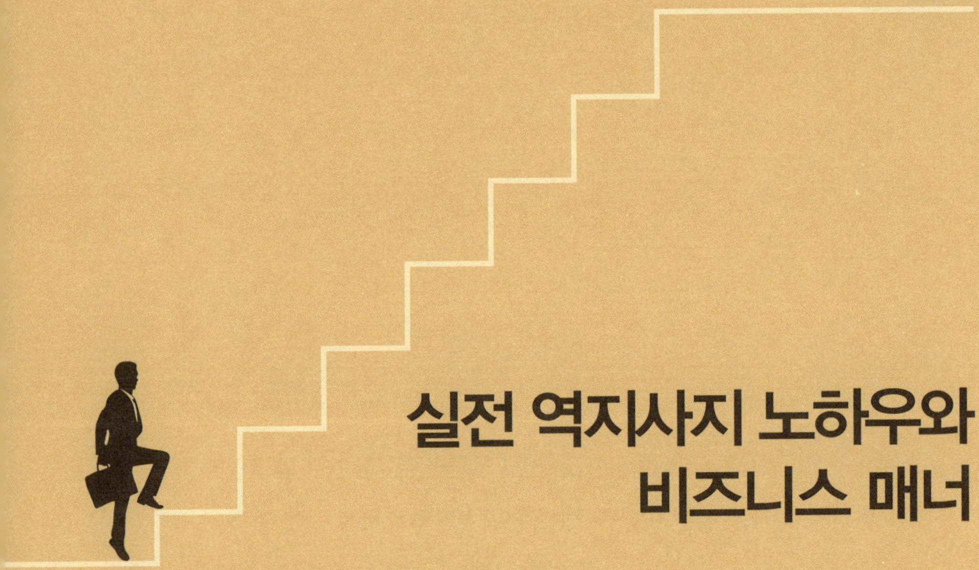

실전 역지사지 노하우와 비즈니스 매너

01

대인관계의 핵심, 역지사지 역량 높이기

신제품 개발현황을 알아보라는 고성대 대리의 지시에 따라 제품개발팀에 협조 이메일을 보낸 명석 씨. 그런데 이메일을 보낸 지 반나절이 지나도록 답신이 없자 답답한 마음에 제품개발팀 담당자에게 직접 전화를 건다.

"안녕하세요, 영업지원팀 한명석 사원입니다. 오전에 이메일 보내 드렸는데 답신이 없어서 전화 드렸습니다."

"아니, 오전에 보내놓고 벌써 답을 달라고 하면 어떻게 합니까? 우리도 나름대로 일정이 있고 결재라인이라는 게 있는 건데. 그리고 아까 보내준 이메일 보니까 뭘 어떻게 보내달라는지 이해가 안 돼요. 구체적으로 어떤 자료가 필요한 건지 다시 자세하게 작성해서 보내주세요."

비록 다른 팀이지만 그래도 선배사원인지라 아무런 대응도 못하고 전화를 끊은 명석 씨. 가만히 생각해보니 화가 부글부글 끓어오른다.

'결국 이메일을 받고 아무 조치도 안 했다는 거잖아. 내용이 이해가 안 되면 다시 보내달라고 미리 연락을 하든가….'

명석 씨는 억울한 마음에 고 대리에게 가서 해당 사실을 보고한다.

"명석 씨 마음은 이해하는데, 다른 팀과 협업을 하려면 상대방의 입장을 배려하고 이해해주는 마음을 가져야 해."

고 대리의 말이 대충 무슨 의미인지 이해되면서도 명석 씨는 나름의 불만을 토로한다.

"그래도 다짜고짜 내용이 이해가 안 된다며 다시 보내달라고 하니까 좀 당황스럽더라고요. 구체적으로 뭐가 이해 안 되는지 이야기해주는 것도 아니고…."

"한번 제품개발팀 입장에서 역지사지로 생각해봐. 신제품 개발이 한창이라 바쁘기는 한데, 여기저기서 정보를 알려달라고 채근해대니 어떻게 하나하나 대응할 수 있겠어. 그런 상황을 고려해서 그쪽에서 좀 더 이해하기 쉽고 회신하기 편하게 설명할 수 있는 방법이 없나 고민해봐. 필요하면 음료수 하나 들고 가서 제품개발팀 담당자에게 이해도 구해보고."

고 대리의 조언을 듣고 나서, 보고서든 대인관계든 회사생활에서 역지사지의 마음을 갖지 않고는 좋은 결과를 얻을 수 없다는 사실을 새삼 깨닫는 명석 씨다.

멘토의 조언

역지사지는 도덕적인 측면을 떠나 우리가 생활하는 모든 공간에서 유용하게 활용되는 중요한 역량으로, 다른 말로는 공감능력이라고 합니다. 《손자병법》을 보면 다음과 같이 역지사지를 전략적인 관점에서 잘 표현한 문장이 나옵니다.

'적을 알고 나를 알면 백번을 싸워도 위태롭지 않다(知彼知己 百戰不殆)'

이 말대로 전략적인 측면에서 역지사지는 상대를 파악하는 가장 좋은 방법이 됩니다. 실제로 이순신, 징기스칸, 롬멜 등 역사적으로 뛰어난 전쟁 전략가들은 모두 역지사지의 달인이었다고 해도 지나친 말이 아닙니다. 적의 마음속 깊은 곳까지 들여다보지 않고서는 전투에서 승리할 수 없기 때문이지요. 한때 우리나라에서 스타크래프트라는 게임이 선풍적인 인기를 일으킨 적이 있습니다. 필자도 한때 이 게임에 상당한 재미를 붙였었는데, 초반 연전연패를 거듭한 끝에 역지사지의 중요성을 새삼 깨닫기도 했습니다. 처음 게임에 도전했을 때 강한 병기들을 뽑기 위해 열심히 건물만 짓다가 무더기로 몰려온 상대방의 단순 병기에 기지가 초토화되기도 하고, 반대로 필자가 그런 전략을 썼을 때는 이미 든든하게 구축된 상대방의 방어막에 막혀서 힘도 못쓰고 당하기 일쑤였지요. 필자는 연전연패의 원인을 여러 가지 측면에서 검토해본 결과, 근본적인 원인은 키보드 조작속도나 병기를 능숙하게 조정하는 능력이 떨어져서가 아니라 '상대방이 무엇을 준비하는지 몰라서'였음을 깨달았습니다. 상대방이 일꾼 유닛으로 필자가 무엇을 하는지 속속들이 '정찰'할 때 필자는 넋 놓고 건물만 지어대고 있었던 것입니다. 손자병법의 탁월함이 게임 속에서도 진가를 발휘한 셈이지요.

여러분이 일을 할 때도 이러한 손자병법의 원리를 그대로 적용해볼 수 있습니다. 물론 상대를 적으로 생각하라는 의미는 아닙니다. 어떤 일이든 '통(通)'하려면 상대방의 마음과 의도를 잘 이해할 줄 알아야 한다는 의미입니다. 이처럼 상대방을 이해하려면 '나를 헤아려 남을 이해한다'는 '역지사지(易地思之)'의 의미를 반드시 명심해야 합니다. 예를 들어 여러분이 상사에게 보고해야 할 일이 생겼다면 무엇부터 고민해야 할까요? 역지사지의 마음으로 다음 보기 중 선택해봅시다.

① 내가 상사라면 어떻게 보고받고 싶을지를 생각한다.
② 논리적으로 잘 짜인 보고서를 준비한다.
③ 대내외의 우수사례를 벤치마킹해 준비한다.
④ 전문적인 자료를 반영해 보고를 준비한다.

답은 1번입니다. 물론 2~4번의 내용도 중요하지만 이것들은 나중에 고민할 사항입니다. 상사가 이해할 수 있는 용어는 무엇인가? 상사가 경영진에게 이 내용을 보고할 때 쉽게 설명할 수 있을까? 상사가 원하는 내용이 잘 반영돼 있는가? 등 상사가 원하는 바를 모르고는 커뮤니케이션의 성공확률을 60% 이상 넘기기 어렵습니다. 아쉽게도 현실적으로 대부분의 실무자들이 이 부분을 놓치고 있습니다. 이러한 훈련이 잘 된 사람은 상대방의 마음을 '직관(直觀)'으로 압니다. 상대의 마음이 내 마음에 인식된다는 의미에서 일종의 '관심술(觀心術)'이라고도 볼 수 있습니다. 애덤 스미스는 《도덕감정론》이라는 책을 통해 다음과 같이 사람은 누구나 이러한 능력이 있다고 이야기하고 있습니다.

'우리는 타인이 느끼는 것을 직접적으로 체험할 수도 없고, 따라서 그들이 어떻게 느끼고 있는지 알 수도 없다. 그러나 상상(想像)을 통해 우리가 그와 유사한 상황에 처해 있다면 어떻게 느끼게 될지를 상상할 수

는 있다.'

이러한 애덤 스미스의 말은 '동감(同感)'이라는 표현으로 압축해볼 수 있습니다. 동양의 대표적인 성인으로 일컬어지는 공자 역시 역지사지를 일과 삶에서 성공을 이루는 가장 중요한 방법이라고 이야기했습니다. 《논어》의 이인(異仁) 편을 보면 "말 하나로 종신토록 행할 만한 것이 있습니까?"라는 제자 자공의 물음에 공자가 다음과 같이 대답하는 구절이 나옵니다.

"그건 서(恕)이다. 자기가 하고자 하지 않는 것을 남에게 베풀지 말라는 것이다."

여기에서 서(恕)라는 글자가 아주 오묘합니다. 서(恕)라는 글자는 '如(같을 여)+心(마음 심)'으로 나눠집니다. 한마디로 '내 마음 같이'라는 뜻입니다. 애덤 스미스가 《도덕감정론》에서 주장한 내용과 절묘하게 일치합니다. 《대학(大學)》을 보면 공자가 말한 서(恕)의 의미가 좀 더 상세하게 나와 있습니다.

'윗사람에게 당해서 싫은 일을 아랫사람에게 하지 말며, 아랫사람에게 당해서 싫은 일을 윗사람에게 하지 마라. 앞사람에게 당해서 싫은 일을 뒷사람에게 하지 말며, 뒷사람에게 당해서 싫은 일을 앞사람에게 하지 마라. 왼쪽 사람에게 당해서 싫은 일을 오른쪽 사람에게 하지 말며, 오른쪽 사람에게 당해서 싫은 일을 왼쪽 사람에게 하지 마라. 이것을 일러 나를 기준으로 남을 헤아리는 도(道)라고 한다.'

흔히 황금률(Golden rule)이라고 알려진 예수의 말에서도 역지사지의 의미를 읽을 수 있습니다.

'그러므로 무엇이든지 남에게 대접을 받고자 하는 대로 너희도 남을

:: 상대방을 이해하는 3가지 구조

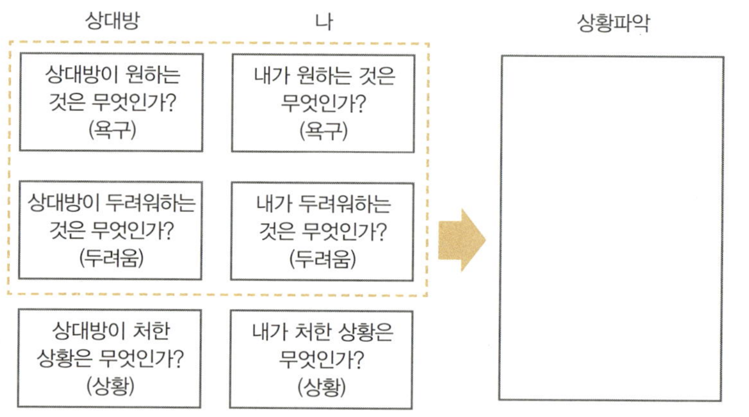
상대방
나
상황파악
상대방이 원하는 것은 무엇인가? (욕구)
내가 원하는 것은 무엇인가? (욕구)
상대방이 두려워하는 것은 무엇인가? (두려움)
내가 두려워하는 것은 무엇인가? (두려움)
상대방이 처한 상황은 무엇인가? (상황)
내가 처한 상황은 무엇인가? (상황)

대접하라. 이것이 율법이요 선지자니라.(마 7:12)'

'내가 당해서 좋은 일을 남에게 해주고, 내가 당해서 싫은 일을 남에게 하지 마라.'

결국 이것이 핵심입니다. 사람의 마음은 대부분 비슷하니 상대방을 나라고 생각하고 한번 고민해보십시오. 사람의 마음에는 누구나 욕심이 있기 때문에 이러한 마음을 잘 헤아려보면 저 사람이 왜 그렇게 말하고 행동하는지를 대략 알 수 있습니다. 위의 그림과 같이 사람의 마음에는 항상 무엇인가를 하려는 '욕구'가 있고, '두려워하는 것'이 있습니다. 그리고 그가 처한 '상황'이 있습니다. 항상 이 3가지를 고민해보면 상대방을 이해하는 데 도움이 됩니다.

특히 여러분이 맡고 있는 일을 성공적으로 이끌려면 사례의 고성대 대리의 조언처럼 내 주위를 둘러싼 이해관계자의 마음을 우선 헤아려봐야 합니다. 예를 들어 다음 페이지의 표를 이용해 그 사람들의 욕구,

구분	이해관계자 1	이해관계자 2	이해관계자 3	이해관계자 4
누구?				
원하는 것은?				
두려워 하는 것은?				
처한 상황은?				

두려움, 상황 등을 기록해보면 현재 내가 처한 상황을 대략적으로 그려볼 수 있습니다. 또한 어느 조직에나 이유 없이 주변 사람을 괴롭히는 사람이 반드시 있습니다. 이런 사람을 만났을 때도 위와 같은 표를 이용해 왜 저럴까를 분석해보면 상황을 이해하는 데 도움이 됩니다.

이제 여러분이 업무현장에서 역지사지 역량을 높일 수 있는 방법에 대해 알아보겠습니다. 이 역량이 높을수록 보고를 포함한 커뮤니케이션 능력과 전략적 사고력 등이 월등히 향상됩니다.

(1) 항상 정신을 차리고 초연한 마음을 유지한다

앞에서 제시한 마음 리셋법처럼 '지금!' 등을 선언하면서 눈동자에 초점을 잡고 '리더십의 근원적 상태'에 들어가는, 즉 몰입하는 연습을 자주 합니다. 특히 회의를 할 때나 기획서를 만들 때 이 방법을 활용하면 아주 효과적입니다.

(2) 어느 위치에서나 상대의 입장을 헤아려본다

이렇게 정신을 차린 상태에서 내가 상사(상사라면 부하직원)라면 어떨까? 내가 아내(아내라면 남편)라면 어떨까? 내가 경쟁자라면 어떨까? 내가 거래처 직원이라면 어떨까? 등 하루 종일 만나는 모든 사람들과 계속 입장을 바꿔 생각해보는 훈련을 합니다. 이런 훈련을 반복하다 보면 어느 순간 그냥 느낌으로 상대가 이해되는 순간이 찾아옵니다. 직관이 생기는 것이지요. 또한 그때가 바로 여러분의 커뮤니케이션 능력이 80% 이상 완성되는 순간이기도 합니다.

(3) 어떻게 하면 상대가 쉽게 이해할지를 계속 고민한다

기획을 하든, 보고서 등 문서를 만들든, 단순히 구두로 설명을 하든, 어떤 상황에서도 어떻게 하면 상대가 좀 더 쉽게 이해할까를 고민합니다.

(4) 생각을 내려놓고 회의에 참여하는 연습을 한다

대부분의 사람은 자신의 고정관념으로 특정 사안을 판단해버리려는 경향이 강합니다. 이럴 때 생각을 내려놓고 회의에 참석해 다양한 생각을 가진 사람들의 의견을 듣고 이해하는 연습을 해보면 역지사지 역량을 크게 키울 수 있습니다.

(5) 자신의 생각의 흐름을 관찰한다

역지사지는 자신과 상대를 동시에 이해하는 능력이므로 기본적으로 자신의 생각의 흐름을 관찰할 수 있는 역량이 있어야 합니다. 이에 대해 다중지능 이론에서도 '자기성찰지능'이 강화되면 어떤 분야에서든 최고가 될 수 있다고 했습니다. 자신의 생각을 관찰하려면 외부로만 향하는 생각의 시선을 내 쪽으로 돌려야 합니다. 즉, '왜 내가 이런 생각을 하고 있는 것일까?', '나는 왜 이게 옳다고 생각하고 있을까?' 등 자신의 생각을 계속해서 성찰해봐야 합니다.

스티븐 로빈슨(Stephen P. Robbins)은 저서 《핵심 조직행동론》에서 다음과 같은 말을 통해 일을 성공시키는 핵심요인은 IQ가 아닌 EQ(감성지능)라고 주장했습니다.

'감정은 사람의 자연스런 일부이다. 사람으로부터 감정을 분리시키는 것이 불가능한 것처럼, 직장에서 감정을 분리시키는 것도 불가능하다. … 그러므로 리더십을 발휘해야 하는 자리에 있는 사람과 영업사원의 감정을 효과적으로 관리하는 것은 그들의 성과달성에 결정적인 영향을 미친다.'

이 말처럼 상대방의 입장을 이해하는 공감능력과 감성지능을 강화하는 것이 일을 성공시키는 핵심요인임을 항상 기억해야 합니다.

02 상대의 유형을 이해하는 성격분석 방법

점심식사를 마치고 오랜만에 몇몇 동기들과 휴게실에서 커피 한 잔의 여유를 즐기고 있는 명석 씨. 서로 팀에서 있었던 일들에 대해 도란도란 이야기를 나누던 중에 문득 명석 씨가 이런 이야기를 꺼낸다.

"우리 팀 고성대 대리님 말이야. 1년 가까이 같이 생활했는데도 진짜 성격이 어떤 건지 헷갈려. 어떤 때는 불 같이 화를 내다가도, 마치 성인 군자처럼 인자하게 조언을 해줄 때도 있고…."

그 말을 듣고 재무팀 동기 차대강 씨도 동감한다는 듯이 한 마디를 던진다.

"크크, 우리 팀 대리님도 그러셔. 지난 번 회식 때는 내 손을 꼭 잡고 형, 동생처럼 지내자고 하시더니, 그 다음 날에는 전표 하나 잘못 됐다고 쥐 잡듯 잡지를 않나."

그렇게 명석 씨와 대강 씨가 서로의 고초를 토로하며 공감을 나누고 있는데, 인사팀 한연수 씨가 슬쩍 끼어든다.

"그러니까 이 형님한테 성격분석 방법에 대해 자문을 구했어야지."

두 사람은 연수 씨의 난데없는 형님 타령에 살짝 화를 냈다가, 성격분석 방법이란 게 무엇인지 궁금해 연수 씨의 다음 말에 귀를 기울인다.

"나도 우리 팀 교육자료에서 읽은 건데, 사람은 유전적이든 어릴 적 경험 때문이든 성격이나 기질이 각자 다를 수밖에 없대. 한 마디로 사람은 다 저마다의 캐릭터가 있다는 거지. 그런데 에니어그램 같은 도구를 활용하면 사람들의 성격을 몇 개의 범주로 나눠 파악할 수 있기 때문에 회사생활에 도움이 된다는 거야."

계속되는 동기의 이야기를 들으면서 명석 씨는 문득 이런 생각이 든다.

'에니어그램이든 뭐든 고 대리님의 성격을 파악해서 잔소리를 피할 수 있다면 소원이 없겠다….'

멘토의 조언

사람들은 대부분 행동이나 판단을 할 때 성격의 영향을 많이 받습니다. 우리가 상사나 동료를 이해하기 어려운 이유도 각자 행동이나 판단의 기준이 다르기 때문입니다. 이 말은 곧 우리가 상사나 동료의 성격 패턴을 이해할 수 있다면 지금보다 훨씬 효과적인 보고나 커뮤니케이션이 가능해진다는 사실을 의미하기도 합니다.

사람들이 행동하고 생각하는 패턴을 이해하는 데 효과적으로 사용되는 도구 중에 하나가 '에니어그램(Enneagram)'입니다. 에니어그램을 보면 사람의 성격을 9가지로 구분하고 있는데, 이러한 성격유형을 알게 되면 상사와 동료를 이해하는 데 큰 도움이 됩니다. 에니어그램을 이용해 상대방의 성격을 이해하려면 다음과 같이 그 사람이 행동하고 생각하는 유형과 의사표현 유형을 조합해봐야 합니다. 여러분이 생각하는 특정 인물을 이러한 조합방식에 도입해보면 더욱 흥미로울 것입니다.

• 생각 · 감정 · 행동유형

1. 생각형 : 생각이 상당히 많은 유형이다. 미리 예상을 많이 한다.
2. 감정형 : 생각이 많기는 한데, 항상 남을 의식하거나 내가 이렇게 하면 남이 어떻게 볼까를 고민하는 유형이다.
3. 행동형 : 적당히 생각하고 행동하는 유형이다. 고민을 깊게 하기보다는 행동을 우선하는 유형이다.

• 의사표현 유형

a. 자기주장을 잘하는 편이다.
b. 대세나 다수결에 따르는 편이다.
c. 분명한 자기주장이 있음에도 좀처럼 표현하지 않는 유형이다.

여러분이 생각한 사람의 조합이 나왔다면 다음 페이지의 표에서 그 사람의 성격을 확인할 수 있습니다. 만일 위의 선택사항 중 어느 한 가지 유형을 선택하기가 애매하다면 일단 2개를 선택한 후 표에 제시된 내용을 읽으면서 더 맞는 성격을 찾아내면 됩니다. 이러한 방법으로 상

구분	성격유형	싫어하는 것	해당 유형에 맞춰서 일하는 방법
1a	재미를 추구, 빠르고 열정적인 유형	느리고 아이디어 없는 것	초안을 빨리 만들어 중간보고를 빨리 해서 의견을 받아야 한다. 속도가 중요하다. 아이디어를 적극적으로 제시하고 긍정적 태도를 갖는다.
1b	성실하고 책임감 있는 유형. 모범생 유형	믿을 만한 자료가 없는 것	눈으로 보여줘야 믿기 때문에 과거 정보나 벤치마킹 내용을 제시하는 것이 중요하다. 좋은 보고사례를 활용한다. 신중하고 꾸준히 보고한다.
1c	지식탐구, 관찰, 분석하는 유형	논리가 없는 것	항상 정보와 논리로 접근한다. 감정보다는 냉철한 분석으로 접근해야 하며, 적절한 거리를 유지한다.
2a	성취 · 성공 · 목표 지향 유형	납기(데드라인)를 어기는 것	정확한 목표를 가지고 접근하고, 효율성을 강조한다. 추진력 있는 것을 좋아한다. 납기를 준수한다.
2b	남을 잘 돕고, 지원하고 협력하는 유형	싸우고 협업하지 않는 것	협력 · 협업방식으로 일을 처리한다. 보고를 좋아한다. 팀 활동을 잘하고 배려하는 자세를 갖는다.
2c	특별한 존재가 되고 싶은 예술가 유형	과정을 무시하는 것	취향과 취미를 맞추는 노력이 필요하고, 상사의 창조력에 공감해준다. 튀는 행동을 좋아하지 않는다.
3a	도전적이고 승부사적 유형	핑계를 대거나 정직하지 않은 것	열정적이고 발로 뛰는 것을 좋아한다. 계획을 잘 세워서 이야기한다. 핑계나 말 돌리기를 싫어하므로 솔직하게 대한다.
3b	원칙적이고 완벽주의를 추구하는 유형	올바르지 않은 것	각종 규칙이나 규정을 준수하는 것을 좋아하므로 그것에 기반해 보고한다. 보고 시 근거가 명확해야 한다. 행동으로 보여주고 노력하는 것을 좋아한다.
3c	안정적이고 여유와 평화를 추구하는 유형	호언장담이나 허세를 떠는 것	다른 조직과 업무갈등을 만들지 말고, 겸손함과 포용력을 보여준다. 어떤 일을 하고 있는지 수시로 보고하고 의견을 구한다.

사나 동료 등의 성격유형을 파악해보면 업무의 성공확률을 높일 수 있습니다.

사람은 똑같지 않습니다. 다만 틀린 것이 아니라 다를 뿐입니다. 다름을 인정하고 상사나 동료를 대하면 쉽게 역지사지를 이룰 수 있습니다. 과거 여러분이 갈등을 겪었던 상사나 동료들의 성격을 파악해 아래 표에 대입해보면, 왜 그런 갈등이 생겼는지 이해가 갈 것입니다.

구분	주장 잘함	대세(다수결) 따름	주장 있으나 안 함
생각형	1a	1b	1c
감정형	2a	2b	2c
행동형	3a	3b	3c

03 반드시 지켜야 할 회사생활 기본예절

“이봐, 세한 씨! 도대체 후배교육을 어떻게 시킨 거야! 10분 후면 종무식인데 이 시간까지 출근을 안 하면 어쩌자는 거야?”

출근시간이 30분이 지나도록 모습을 보이지 않는 명석 씨 때문에 고 대리의 질책을 받고 있는 세한 씨의 속은 바짝바짝 타들어간다.

‘어제 송년회 때 자제하라고 했는데도 그리 술을 먹더니 내 이럴 줄 알았다. 전화도 안 받고 정말 미치겠네….’

세한 씨가 그런 속앓이를 하고 있을 때 비로소 사무실에 모습을 드러낸 명석 씨. 자기 때문에 사무실에 한바탕 폭풍이 몰아친 줄도 모르고, 위풍당당하게 박유식 팀장 앞으로 가더니 구구절절 지각사유를 늘어놓는다.

“팀장님, 제가 오늘은 정말 평소보다 일찍 일어났거든요. 그런데 오늘

따라 지하철이 역마다 길게 정차하는 바람에…. 아무튼 늦어서 죄송합니다."

"알았어. 이제 곧 종무식 시작하니까 얼른 자리로 들어가 참석할 준비나 해~."

박 팀장은 직접 혼내기도 귀찮다는 듯이 그런 말로 명석 씨를 돌려세웠다. 그런데 명석 씨는 그 뜻도 모르고 '거봐, 어쩔 수 없는 상황이었다는 걸 팀장님도 이해하시는 거야' 하는 착각에 빠져 자리에 들어와 앉는다. 하지만 그런 착각도 잠시 뿐. 명석 씨는 종무식이 끝나자마자 회의실에 끌려들어가 고성대 대리의 폭풍 잔소리를 들어야 했다.

"한명석 씨, 스마트폰은 국 끓여 먹으려고 가지고 다니는 거야! 늦으면 늦을 것 같다고 전화라고 해야 될 거 아니야. 이제 일주일 후면 명석 씨도 후배를 받을 텐데, 후배가 뭘 보고 배우겠어! 잠잠하다 싶으면 사고를 치니 도대체 안심할 수가 없잖아! 제발 정신 좀 차리자, 정신 좀!"

멘토의 조언

《맹자》에 사단(四端)이라는 말이 있습니다. 사단이란 인의예지(仁義禮智)에서 발현하는 4가지 마음을 말하는데, 남을 측은히 여기고 배려하는 측은지심(惻隱之心), 불의를 보면 화가 나고 남에게 피해를 주지 않으려는 수오지심(羞惡之心), 남을 존중하고 자신을 겸손하게 낮추는 사양지심(辭讓之心), 옳고 그름을 자명하게 판단하는 시비지심(是非之心)이 그것입니다. 여기서 측은지심이 바로 인(仁), 즉 사랑이 발현해 생기는 마음이

고, 사양지심이 예(禮), 즉 예절이 발현해 생기는 마음입니다. 예절이란 나와 타인이 함께 성장하기 위해 이 2가지 마음이 조화를 이루는 것이라고 할 수 있습니다. 다시 말해 예절이란 상대를 배려하는 나의 마음을 우리 시대에 통용되는 보편적인 방식으로 표현하는 것이라고 할 수 있습니다.

예절 없는 사람을 좋아하는 사람은 없습니다. 예절 없는 사람은 어떻게든 남에게 피해를 주기 때문이지요. 능력 중심의 사회에서 예절이 얼마나 중요하겠냐고 생각하는 사람이 있다면, 그 사람은 아직 조직의 본질에 대한 이해가 부족한 것입니다. 조직은 항상 협업과 협동을 바탕으로 하기 때문에, 자신의 능력을 최대한 발휘하기 위해서는 타인을 배려하고 표현하는 예절이 매우 중요합니다.

그럼 예절은 어떻게 갖출 수 있을까요? 예절의 핵심은 항상 정신을 차리고 깨어서 자신의 말과 행동을 살피는 것입니다. 이것을 퇴계 이황 선생은 '경(敬, 깨어 있음)'이라고 표현했습니다. 회사생활을 하고 있는 여러분이 기본적으로 갖춰야 할 예절의 기본은 이렇습니다. 먼저 항상 허리와 가슴을 펴고 입가에 미소를 짓고, 정중하고 겸손한 자세를 취하는 노력이 1단계 예절입니다. 그 다음에는 정리정돈, 시간 지키기, 전원 소등 등 아주 기본적인 행동부터 세심히 살펴 실천해야 합니다. 단언컨대, 기본이 안 되고 응용이 잘 되는 법은 없습니다.

여러분은 사례에서 명석 씨의 모습을 어떻게 보셨나요? 물론 누구든 명석 씨처럼 부득이한 사정으로 지각을 할 수는 있습니다. 하지만 만일 명석 씨가 미리 팀장에게 전화해 사정을 설명했다면 사무실이 뒤집어지는 상황까지 가지는 않았을 것입니다. 늦을 것 같으면 미리 전화로 사정을 알리는 것, 외근으로 자리를 비울 때 옆 사람에게 행선지를 알리는 것 등 회사원의 하루는 예절과 배려로 시작해서 끝난다고 해도 지나친 말이 아닙니다. 특히 회사생활 초기에는 이것이 반드시 지켜야 할 기본 중의 기본이 된다는 점을 결코 잊어서는 안 됩니다.

그럼 여러분이 회사생활에서 반드시 지켜야 할 기본적인 근무예절 몇 가지를 알아보겠습니다. 먼저 휴가를 가거나, 부득이 조퇴 또는 지각을 했을 때의 예절입니다.

- 부득이 지각했을 때는 그 사유를 팀장에게 솔직히 말합니다.
- 30분 이상 지각할 것 같다면 미리 전화로 팀장에게 알립니다.
- 부득이 조퇴를 해야 할 때는 그 사유를 팀장에게 정확히 알리고 허락을 얻습니다.
- 갑작스럽게 결근하게 될 때는 반드시 팀장에게 직접 연락해 그 사유를 정확히 알립니다.
- 휴가를 갈 때는 팀장과 동료에게 미리 알리고, 자신이 진행하던 업무를 정리해 대체 근무자에게 정확히 인계합니다.

특히 당부할 사항은 모든 상사는 당일 아침에 휴가를 내는 것을 가장 싫어한다는 사실입니다. 꼭 필요한 경우에는 어쩔 수 없더라도 휴가는 미리미리 내는 것이 바람직합니다.

다음은 자리를 비울 때의 예절입니다.

- 행선지, 용건, 연락처 등을 팀원에게 미리 알립니다.

- 출장, 교육, 휴가 등으로 장기간 자리를 비워야 할 때는 책상 위에 '부재 중' 표시를 합니다.
- 외출 후 돌아오면 결과를 상사나 업무와 관련이 있는 동료와 공유하고, 자신이 자리를 비웠을 때 생긴 일이 없는지 반드시 확인합니다.
- 외출할 때는 보안에 유의합니다. 중요한 서류는 반드시 서랍에 넣은 후 열쇠를 잠가놓아야 합니다. 특히 회사 외부에서 회사의 인감이나 노트북 등을 잃어버리지 않도록 유의해야 합니다.

마지막으로 퇴근할 때 지켜야 할 예절입니다.

- 보안을 위해서 책상 위를 깨끗이 정리하고 노트북이나 중요서류 등을 서랍에 넣고 잘 잠갔는지 확인합니다.
- 아무 말 없이 슬쩍 퇴근하지 말고, 반드시 팀장과 동료들에게 마무리 인사를 하고 퇴근합니다.

이 책에서 반복해서 강조했듯이 기본의 힘은 생각 이상으로 긍정적인 에너지와 효과를 만들어냅니다. 특히 그중에서도 '예절'은 회사생활 초기에 지켜야 할 기본 중의 기본이라고 생각해야 합니다. 앞서 강조했듯이, '기본이 안 되고 응용이 잘 되는 법은 없습니다!' 여러분이 프로가 되는 그날까지 이 말을 꼭 잊지 말기를 바랍니다.

04

자나 깨나 인사, 다시 봐도 인사

화장실에 다녀오는 길에 복도에서 낯선 얼굴과 마주친 명석 씨. 인사를 할까 말까 고민하다 어설프게 끄떡이는 척하고 사무실로 돌아온다.

'우리 회사 사람도 아닌 것 같은데 그냥 지나쳐도 되겠지, 뭐.'

그런데 잠시 후 장세한 씨가 다가오더니 명석 씨의 옆구리를 찌르며 타박을 한다.

"명석 씨, 아까 복도에서 이천공장 공장장님 만났지? 내가 오랜만에 뵈어서 반가운 마음에 인사를 드리려는데 아까 어떤 친구 하나가 아주 건방지게 인사를 하고 우리 팀으로 들어갔다면서, 누군지 아냐고 물으시더라."

명석 씨는 그제야 신입사원 현장견학 때 얼굴을 뵈었던 기억이 나서 어설프게 변명을 한다.

"그게 저… 하도 오래 전에 뵈어서 누구신지 기억이 안 나는 바람에…."

"명석 씨, 조직은 하모니야. 예절은 그 하모니를 만드는 데 중요한 역할을 하는 윤활유 같은 거고. 회사에서 마주치는 모든 사람은 어쨌든 명석 씨보다 경험 많은 선배들이니까 인사를 할까 말까 머뭇거릴 이유가 없잖아. 설사 잘 모르는 거래처 사람이라도 명석 씨의 밝은 인사가 우리 회사의 이미지를 좋게 만든다고 생각해야지."

선배의 뼈아픈 조언에 부끄러움을 느낀 명석 씨는 예절학교라도 들어가고픈 마음뿐이다.

멘토의 조언

회사생활 초기에는 참 꿈도 많고, 이것저것 하고 싶은 것도 많습니다. 다른 사원들이 부러워할 만큼 멋진 일이 자신에게 떨어지기를 기대하기도 하고, 그런 일이 떨어진다면 누구보다 잘 수행할 수 있다는 자신감도 충만합니다. 하지만 회사생활 초기에는 그런 일이 떨어지는 경우가 거의 없고, 대부분 아주 간단하고 기본적인 일을 하게 됩니다. 그러다 보니 생각처럼 자신의 능력을 인정받을 만한 일이 생기지 않습니다. 그런데 주변에 자신을 알리고 인정받을 수 있는 아주 간단한 방법이 있습니다. 바로 '인사'입니다. 사례의 명석 씨처럼 인사를 하는 둥 마는 둥 하는 사람과 누구를 만나든 패기 있게 인사하는 사람 중 상사 입장에서 누구에게 높은 점수를 줄지는 굳이 생각해볼 필요가 없을 것입니다.

특히 회사생활 초기에는 누구를 만나든 힘 있게 인사를 해야 합니다. 그것이 바로 아침을 시작하는 회사원의 패기입니다. 장세한 씨의 말처럼 회사 건물에 있는 사람은 모두 여러분의 선배 아니면 거래처 관계자입니다. 따라서 '누구더라? 인사를 해야 하나?' 하고 주저할 이유가 없습니다. 혹시 선배사원이 인사를 잘 받아 주지 않더라도 개의치 말고 열심히 인사하십시오. 그러면 얼마 안 있어 이런 평이 들릴 것입니다.

"이번에 영업팀에 새로 들어온 친구 있잖아. 그 친구 예의 바른 자세가 참 맘에 들어."

이것은 필자의 오랜 인사팀장 경험으로 100% 장담할 수 있습니다. 회사생활 초기에 좋은 태도를 유지하는 사람에게 더 많은 기회가 갈 수밖에 없습니다. 또한 여러분이 이런 평을 듣게 되면, 인정받는 팀원이 될 뿐만 아니라 다른 팀과의 업무협조도 훨씬 수월해지게 됩니다. 인사의 기본은 결코 어렵지 않습니다. 다음 원칙만 충실히 지키면 됩니다.

- 기다리지 말고 내가 먼저 합니다.
- 마주칠 때마다 합니다. 첫 번째 마주쳤을 때는 소리 내서 인사하고, 그 다음부터는 목례로 하면 됩니다.
- 소리 내서 인사할 때 인사말로는 "안녕하십니까?" 정도가 무난하고, 조금 친숙해진 관계라면 "잘 지내시지요?", "오늘 옷이 잘 어울리시네요"처럼 간단한 대화를 곁들여도 좋습니다.
- 바른 자세로 합니다. 자세와 손가짐을 바르게 한 상태에서, 목례는 15도 정도, 보통 인사는 30도 정도, 정중한 인사는 45도 정도로 숙이는 것이 적당합니다.

- 인사를 할 때 상대와 눈을 한 번 맞춥니다. 이때 밝고 명랑한 표정을 지으면 더욱 좋습니다.
- 화장실 등 소리 내서 인사하기 불편한 장소에서는 가볍게 목례를 하면 됩니다.

여러분이 아마추어라는 껍질을 깨고 프로로 성장하기 위해서는 무엇보다 기본에 충실해야 합니다. 조급하게 생각하지 말고 여러분이 지켜야 할 기본을 꾸준히 실천하다 보면 어느 순간 성장의 궤도에 올라설 것입니다. 기본의 힘을 믿고 꾸준히 나아가십시오.

05

이미지를 좌우하는 전화응대 기본원칙

오후 12시가 넘도록 보고서 작성에 열중하던 명석 씨. 가까스로 작업을 마치고 점심식사를 하려고 일어서려는데 갑자기 전화벨이 울려댄다.

'점심시간인데 전화를 받아야 되나? 에이, 그래도 중요한 전화일지 모르는데 받고 나가는 게 마음이 편하겠지….'

그런데 명석 씨가 그런 마음으로 수화기를 들자마자 상대방이 다짜고짜 고함을 지르기 시작한다.

"도대체 거기 뭐 하는 회사예요! 고객이 전화를 했는데 전화를 이리저리 돌려대기만 하고, 심지어 중간에 전화가 끊어지지를 않나. 이런 식으로 고객을 응대하면 기분 나빠서 거기 제품 쓰고 싶은 마음이 생기겠어요!"

고객의 얘기를 들어 보니 처음 전화를 받은 사원이 담당자를 연결해준다고 여러 차례 전화를 돌리다가 중간에 전화가 끊겼는데, 화가 난 고객이 다시 전화를 한다는 게 영업지원팀 전화번호를 누른 모양이었다. 명석 씨는 일단 고객을 진정시켜야겠다는 생각으로 친절하게 답변을 했다.

"고객님, 그런 일이 있으셨다니 사죄드립니다. 제가 직접 궁금하신 사항을 해결해드리면 좋겠는데, 저도 담당자가 아니다 보니 충분한 설명을 드리기는 어려울 것 같습니다. 정말 죄송하지만 지금은 점심시간이라 담당자 연결이 어려울 듯하니, 전화번호를 남겨 주시면 1시간 후에 꼭 연락을 드리라고 전달하겠습니다."

그렇게 고객의 화를 진정시킨 명석 씨는 점심시간이 지나자마자 담당자에게 전화를 걸어 해당 사항을 전달했다. 그런데 잠시 후, 고객지원팀 팀장이 영업지원팀에 들어와 명석 씨를 찾는다.

"명석 씨 아니었으면 중요한 거래를 놓칠 뻔했어. 정말 고마워. 그 고객도 다짜고짜 화부터 낸 게 마음에 걸렸는지, 명석 씨에게 친절하게 응대해줘서 고맙다고 전해달라고 하셨어."

그런 칭찬을 받으며 회사생활에서 기본의 힘이 얼마나 큰지 다시 한 번 느끼게 되는 명석 씨다.

멘토의 조언

기본업무와 회의, 이메일 주고받기 등을 빼고 여러분이 회사생활을 하면서 가장 많이 하는 일은 무엇일까요? 아마도 전화 받기일 것입니다. 그런데 주변을 보면 의외로 기본적인 전화예절을 정확히 모르고 있는 회사원이 많습니다. 그중에서도 대표적인 것이 '나한테 전화가 올 일은 없으니까, 누군가 받겠지' 하는 생각으로 부서에 걸려온 전화가 오래 울리도록 받지 않는 경우입니다. 만일 여러분이 상사라면 전화도 안 받고 자기 일만 하는 사원과 일도 잘하지만 상냥하게 전화도 잘 받는 사원 중 누구에게 더 관심이 가고 하나라도 더 가르쳐줄 생각이 들까요? 당연히 후자일 것입니다. '최일선에 있는 사원의 최초 15초 동안의 고객응대 태도가 회사 전체의 이미지를 좌우한다'는 말이 있습니다. 회사에서의 전화응대가 그만큼 중요하다는 의미입니다.

물론 명석 씨 같은 신입사원이라면 전화 받기 자체가 두려울 수 있습니다. 부서업무도 제대로 모르고, 전화 상대방에 따라 어떻게 응대해야 할지도, 걸려온 전화를 누구에게 돌려야 할지도 정확히 알 수 없기 때문이지요. 하지만 지금부터 이야기하는 기본예절만 잘 지키면 최소한 전화를 걸거나 받는 일로 질책을 당할 걱정은 하지 않아도 될 것입니다. 일단 회사에서 전화를 받을 때는 항상 다음과 같은 마음가짐을 가지고 있어야 합니다.

- 전화는 회사를 대표한다는 마음가짐으로 받아야 합니다.
- 고객이나 거래처의 전화는 진심으로 감사하고 겸허한 마음가짐으로 받아야 합니다.
- 고객과 전화할 때는 항상 고객의 입장에서 생각하고 대화해야 합니다.

이번에는 좀 더 구체적인 전화예절을 알아보겠습니다. 먼저 전화를 받을 때의 예절입니다.

- 전화벨이 3번 이상 울리기 전에 수화기를 드는 것이 좋습니다.
- 한 손으로 수화기를 들고, 다른 한 손은 항상 메모할 준비를 합니다. 이를 위해서는 전화기 옆에 항상 메모지와 필기구가 준비돼 있어야 합니다.
- 전화를 받았을 때는 먼저 밝고 명랑하게 인사합니다. 수화기를 들기 전부터 미소를 지으면 자연스럽게 이런 인사가 가능해집니다.
- 반드시 소속과 이름을 밝힙니다. 이때 내부전화라면 "감사합니다. 인사팀 한연수 사원입니다" 하는 식으로 응대하고, 외부전화일 때는 회사명을 함께 밝히는 것이 좋습니다.
- 통화가 끝난 후에는 상대방이 먼저 끊기를 기다린 후 가볍게 수화기를 내려놓습니다. 간혹 습관적으로 전화기를 꽝, 하고 내려놓는 사람이 있는데, 이런 경우 언젠가는 꼭 문제가 생길 수 있습니다.

이번에는 전화를 걸 때의 예절을 알아보겠습니다.

- 통화할 용건과 순서를 미리 메모해둡니다.
- "안녕하십니까. 저는 영업지원팀 한명석 사원입니다. 지금 통화하실 수 있습니까?" 하는 식으로 상대방이 현재 통화가 가능한 상태인지 여부를 확인하는 것이 좋습니다.
- 상대방의 전화번호, 소속, 이름을 잘 들으려고 노력해야 합니다. 그런 다음 우선 상대방의 말을 잘 듣습니다.
- 필요한 서류나 자료를 미리 정리해두고 이야기를 시작하는 것이 좋습니다. 가급적 전화통화 중에 관련 자료를 찾으러 가는 일이 없

도록 합니다.

지금까지 설명한 내용 이외에 다음 2가지 경우에서의 응대방법은 반드시 숙지해야 합니다. 먼저 자리에 없는 팀원의 전화를 대신 받았을 때입니다. 이런 경우 대부분 이런 식으로 받기 일쑤입니다.

"예, 지금 자리에 없습니다."

뭔가 허전하지 않습니까? 그럼 이렇게 응대하면 어떨까요?

"예, 고성대 대리가 지금 자리를 비웠는데, 메모 남겨 드릴까요?"

이렇듯 아주 작은 차이가 여러분의 이미지를 긍정적으로 만들 수 있습니다. 이것이 바로 예절의 힘입니다.

다음은 자신이 받은 전화를 다른 사람이나 부서로 돌릴 때입니다. 이때도 대부분은 "예, 전화 돌려 드리겠습니다" 하고 전화를 돌린 후 수화기를 내려놓습니다. 그런데 회사 전화를 돌리다 보면 돌려 받을 사람이 통화 중일 수도 있고, 전화가 그냥 끊기는 경우도 많습니다. 따라서 이런 경우에는 전화를 돌리기 전에 상대에게 반드시 돌려 받을 사람의 전화번호나 내선번호를 알려주십시오. 그럼 전화가 끊어져도 상대방이 다시 그 번호로 전화를 걸 수 있으므로 문제가 생기지 않습니다. 이런 경우에 활용할 수 있는 간단한 노하우가 하나 있습니다. 바로 사원증 뒷면을 활용하는 방법입니다. 즉, 회사 사람들의 직통전화번호(또는 내선번호)를 사원증 크기에 맞춰 워드 등으로 작성한 후 출력해서 사원증 뒷면에 끼워 넣으면 빠르게 응대할 때 큰 도움이 됩니다.

지금까지 이야기한 전화예절만 잘 숙지해서 지킨다면 전화 받기 하나만으로도 주변에서 좋은 평가를 들을 수 있습니다.

06

미팅의 품격을 높이는 명함전달과 악수법

고성대 대리와 함께 거래처에 방문해 담당자와 미팅을 갖게 된 명석 씨. 외부 거래처와의 첫 정식 미팅이어서 그런지 실수나 하지 않을까 괜히 마음이 불안하다.

"명석 씨, 인사드려요. 건국물산 오정국 이사님이세요."

명석 씨는 미팅 상대방이 임원이라는 말에 조금 떨리기는 했지만, 차분하게 양복 안 주머니에서 명함집을 꺼내 명함을 공손하게 건넨 후 인사를 했다.

"안녕하십니까, 일품기업 영업지원팀 한명석 사원입니다. 잘 부탁드립니다."

명석 씨와 명함을 주고받은 오 이사는 손을 내밀어 악수를 권했다.

"나도 반갑습니다. 고 대리에게서 일 잘한다는 이야기는 많이 전해 들었어요. 명함 주고받는 모습이나, 윗사람과 악수하는 모습을 보니 고 대리가 괜히 칭찬한 게 아니군요. 우리 회사 1년차 사원들은 아직도 기본 예절을 잘 모르는 것 같아서 걱정이예요."

허구한 날 잔소리만 하던 고 대리가 외부 거래처 이사에게 자기를 칭찬했다는 말에 묘한 기분이 드는 명석 씨. 왠지 그런 상사를 실망시켜서는 안 되겠다는 생각이 들어 더욱 정신을 바짝 차려서 미팅에 임했다. 그리고 잠시 후, 거래처와 원만한 협의가 이루어진 덕분에 두 사람은 기분 좋게 거래처를 빠져나올 수 있었다. 그렇게 함께 전철을 타고 회사로 돌아오는 길에 고 대리가 부드러운 목소리로 명석 씨에게 말을 건넨다.

"내일이면 명석 씨도 후배가 생기겠네. 오늘 미팅을 통해 명석 씨도 느꼈겠지만 명함을 건네는 일, 상대방과 악수를 나누는 일처럼 작은 기본 하나하나를 성실히 지키는 것이 결국 좋은 사원, 좋은 선배가 되는 길이라는 걸 잊지 않았으면 해. 1년 동안 내 잔소리 감당하느라 고생 많았어."

그런 고 대리의 이야기를 들으며 감사한 마음과 함께 왠지 자신도 조금은 성장했다는 느낌이 드는 명석 씨다.

'고 대리님 잔소리가 아니었다면 스펙만 믿고 까불던 내가 이렇게 성장할 수 없었겠지. 그래 지금까지 배운 기본에 집중한다면 나도 조만간 고 대리님처럼 프로 직장인이 될 수 있겠지.'

멘토의 조언

회사생활을 하다 보면 외부업체와 많은 미팅을 하게 됩니다. 이럴 때 가장 많이 필요한 예절이 바로 명함전달과 악수입니다. 필자는 조직에서 오랜 시간 일해 오면서 이 간단한 예절을 정확히 모르는 사람을 상당히 많이 봤습니다. 별로 중요하지 않다고 생각할지 모르지만, 이러한 예절을 지킴으로써 여러분의 품격이 올라간다는 사실을 명심해야 합니다. 명함을 주고받을 때의 가장 기본적인 예절은 이렇습니다.

- 명함은 방문자나 손아랫사람이 먼저 건네는 것이 기본입니다.
- 상대방을 만나기 전에 미리 명함집을 윗주머니에 넣어두거나 손에 쥐고 있는 것이 좋습니다. 상대방을 만나서 뒤늦게 바지 주머니에서 명함집을 꺼내서는 안 됩니다.
- 명함은 최대한 공손하게 건네야 합니다.
- 명함을 건네면서 근무처와 성명을 명확히 밝히는 것이 좋습니다. "안녕하십니까! 영업지원팀 한명석 사원입니다. 잘 부탁드립니다" 정도면 무난합니다.
- 자신의 명함은 오른손으로 건네고, 상대방의 명함은 왼손으로 받는 것이 기본입니다. 이때 상대방이 자신의 명함에 적힌 이름을 바로 읽을 수 있는 방향으로 건네야 합니다.
- 상대방의 명함을 받은 후에 "아, 경영기획팀장님이시군요" 하는 식으로 상대방에 대한 관심을 표현해주면 더욱 좋습니다.

다음은 악수를 할 때의 기본예절입니다.

- 악수는 윗사람이 먼저 청하는 것이 기본입니다. 여기서 윗사람이

란 회사 내에서는 상사, 외부에서는 연장자로 생각하면 됩니다.

- 악수는 웃는 얼굴로 상대방을 바라보면서 해야 합니다.
- 상대방의 손을 너무 꽉 잡거나 오래 잡고 있으면 상대방이 놀라거나 기분이 나빠할 수 있으므로, 가볍게 터치하듯이 잡는 것이 가장 좋습니다. 윗사람과 악수할 때는 대부분 윗사람이 적당히 잡아주므로 가볍게 손만 내밀고 있으면 됩니다.
- 악수는 한 손으로 합니다. 두 손으로 꽉 잡는 것은 결례가 될 수 있습니다.
- 깨끗한 손으로 악수하는 것이 기본이므로, 평소에 손톱이나 손을 청결하게 관리해야 합니다.

지금까지 한명석 씨의 사례와 더불어 여러분이 회사생활에서 반드시 지켜야 할 기본예절에 대해 알아봤습니다. 물론 이것들 말고도 지켜야 할 예절은 무궁무진합니다. 또 같은 예절이라도 회사에 따라 방식의 차이가 있을 수 있습니다. 하지만 앞에서 이야기했듯이 여러분이 기본적으로 겸손함과 상대를 배려하려는 마음만 잘 갖추고 있다면 방식의 차이는 크게 걱정할 필요가 없습니다. 항상 '나는 당신을 존중하고 있습니다'라는 마음만 갖추고 있으면 됩니다.

| 참고문헌 |

윤홍식, 《내 안의 창조성을 깨우는 몰입》, 2014, 봉황동래

스티븐 코비, 《성공하는 사람들의 7가지 습관》, 1994, 김경섭 · 김원섭 옮김, 김영사

윌리엄 더건, 《제7의 감각-전략적 직관》, 2008, 윤미나 옮김, 비즈니스맵

윤태호, 《미생-아직 살아있지 못한 자》, 2013, 위즈덤하우스

오세웅, 《엘런 머스크의 가치 있는 상상》, 2014, 아틀라스북스

이나모리 가즈오, 《카르마 경영》, 2005, 김형철 옮김, 서돌

미타치 다카시, 《BCG 전략 인사이트》, 2005, 보스턴컨설팅그룹 옮김, 영림카디널

윤석철, 《경영학의 진리체계》, 2001, 경문사

박현모, 《세종처럼》, 2012, 미다스북스

제임스 웹 영, 《손에 잡히는 IDEA》, 2005, 박종안 옮김, 푸른솔

왕중추, 《디테일의 힘-작지만 강력한》, 2005, 허유영 옮김, 올림

찰스 L. 데커, 《P&G Power》, 2002, 홍길표 옮김, 영언문화사

로버트 시몬스 · 로버트 퀸 외 3인, 《하이퍼포먼스 조직-지속적으로 성과를 내는 실행 중심의 조직 설계》, 2009, 김은숙 옮김, 21세기북스

애덤 스미스, 《도덕감정론》, 2009, 박세일 · 민경국 옮김, 비봉출판사

윤홍식, 《대학-인간의 길을 열다》, 2004, 봉황동래

리처드 브랜슨, 《비즈니스 발가벗기기》, 2010, 박슬라 옮김, 리더스북

Stephen P. Robbins, 《조직행동론》, 2006, 김광점 옮김, 시그마프레스